はじめに

乳幼児教育は、子どものその後の人生に大きな影響を与えます。幼保連携型認定こども園・保育所・幼稚園などの集団における教育環境は、小さな社会の一員として生活する重要な機会となります。一人ひとりの発達の違いに配慮された集団の中での学びは、家庭とは違った成長を促します。このような環境の中の学びを保護者と共に喜び、情報を共有していくための一つの発信方法として有効とされるのが保育のドキュメンテーションです。

今回の改訂版は幼保連携型認定こども園教育・保育要領や保育所保育指針、幼稚園教育要領をもとに見直したものです。旧版も養護と教育の5領域を基本に行われる乳幼児教育の理念に沿って書かれていましたが、今回の改訂版は乳児期（0歳）の3つの視点や満1歳から満3歳未満（保育所では1歳以上3歳未満）の5領域、満3歳以上（保育所では3歳以上）の5領域に分かれたものを意識して見直されています。ドキュメンテーションの保育内容自体は変わっていませんが、例えば、上記にも記した、ねらい・内容の対象年齢が3つに区分されたこと、幼児期の終わりまでに育ってほしい10の姿や育みたい資質・能力など新たに提示されたことを受けて加筆されています。

この本では、「発達の様子」を知り、発達に基づいた「指導計画を作成」し、「あそびプロジェクト」を設定、より具体的な「保育のねらい」と「保育ドキュメント」を提示し、「保育ドキュメンテーション」を作成する形をとっています。子どもがどのように関わり、何を学びとったのかをわかりやすくまとめた全国の認定こども園や保育所の開示例を挙げています。今後の保育の有効なツールとして、現場の皆さまに大いに活用していただければ幸いです。

5歳児は、就学前教育の総まとめともいえる時期です。ある程度の知識を保有し、より高度な関わりや知識の習得に興味を見せ始めます。そのためつい文字・数を強く意識した学校教育の低年齢化的な保育をしがちになりますが、実際にはまだあそびを通して体験から学び取った知識を知恵に変える総合的学習の時期でもあります。子どもたちは、あそびという体験から獲得した教育の5領域に含まれる「生きる力」を少しずつ意識し理解しながらあそびを深め、集団の中の個であることを認識し始めます。集団を生かしながらもあそびの中から得られる知識欲を満たし、主体的・対話的で深い学びを体験させ、その後の学校教育につなげていくようにしましょう。

2021年2月

保育総合研究会会長　椛沢 幸苗

も く じ

①章 保育計画

②章 保育ドキュメンテーションの作成

③章 小学校との接続・連携 〔幼児教育と小学校教育〕

改訂版保育サポートブック　5歳児クラスの教育CD-ROM

⊙ マークのあるページは、フォーマットデータをCD-ROMに収録しています。
CD-ROMの詳細については、P3をご覧ください。
本書に収録されている内容は、あくまでも一つの案です。
書式や内容などは、各園の子どもの発達の様子に合わせて変更してご活用ください。

CD-ROMの使い方

本CD-ROMは、保育計画や保育ドキュメンテーションを作る上で役に立つフォーマットや文書などを収録したデータ資料集です。パソコンソフトのExcel・Power Pointで作ることを想定して作られていますので、下記のポイントをご覧いただいた上でご使用ください。また、保育指針などの文書類はPDF形式で収録してありますので、プリントアウトしてご活用ください。

Point

■ご使用になりたいフォーマットを開き、ご自身のパソコンに保存してからご利用ください。
■フォーマットは一部を除いて文字が入っていますが、あくまでも一つの文例です。ご使用に際しては、内容を十分ご検討の上、園の方針に沿った文章を入力してください。園から発信される文章の内容については、各園の責任となることをご了承ください。

 01_フォーマット5歳児
内容をご検討の上、園の方針に沿った文章を入力してご使用ください。
各フォーマットは、園の保育内容に合わせて変更してご利用ください。

- _5歳児月間指導計画（案）フォーマット.xlsx
- _5歳児年間指導計画（案）フォーマット.xlsx
- **保育ドキュメンテーション関連**
  - _5歳児保育ドキュメンテーションフォーマット.pptx
  - _5歳児保育ドキュメントフォーマット.xlsx
  - _5歳児保育ドキュメントフォーマット（手書き用）.pdf
  - _5歳児保育のねらいフォーマット.xlsx
  - _5歳児保育のねらいフォーマット（手書用）.pdf
  - _5歳児保育プロジェクトフォーマット.pptx

 02_参考資料
- **46細目**
  - 幼児教育部会における審議の取りまとめ（報告）平成28年8月26日.pdf
- 学校感染症の種類および出席停止期間.pdf

 03_関連法・各種ガイドラインなど
厚生労働省・文部科学省・内閣府より公表されている資料です。
プリントアウトしてご活用ください。
最新の情報は各省のホームページ をご確認ください。

- **各種ガイドライン**
  - 教育・保育施設等における事故防止及び事故発生時の対応のためのガイドライン.pdf
  - 保育所におけるアレルギー対応ガイドライン.pdf
  - 保育所における感染症対策ガイドライン.pdf
  - 保育所における自己評価ガイドライン.pdf
  - 保育所における食育に関する指針（概要）.pdf
  - 保育所における食事の提供ガイドライン.pdf
  - 保育所や幼稚園等と小学校における連携事例集.pdf
  - 幼稚園における学校評価ガイドライン.pdf
- 学校保健安全法.docx
- 食育基本法.pdf
- 保育所保育指針.pdf
- 幼稚園教育要領.pdf
- 幼保連携型認定こども園教育・保育要領.pdf

2021年1月現在の資料です。

CD-ROMの動作環境について

CD-ROMをご利用いただくためには、以下のものが必要となりますので、あらかじめご確認ください。

●CD-ROMを読み込めるドライブが装備されたパソコン
◇動作確認済みOS／Windows 10

●アプリケーションソフト
◇Microsoft Word・Excel・Power Point（2011以降を推奨）　◇Adobe Acrobat Reader

※注意
本CD-ROMは原則としてWindowsを対象として作成しました。Macintosh MacOSXに関しては、同様のアプリケーションをご用意いただければ動作いたしますが、レイアウトが崩れる可能性などがあります。上記OS以外での使用についての動作保証はできません。また、アプリケーションの操作方法は、各アプリケーションソフトの説明書などをご参照ください。**アプリケーションソフトの操作方法についてのご質問にはお答えできませんので、あらかじめご了承ください。**
Microsoft、Windowsは、米国Microsoft Corporationの登録商標です。Macintoshは、米国Apple Inc.の登録商標です。
Adobe、Acrobat ReaderはAdobe Systems Incorporated（アドビシステムズ社）の商標です。本書では、商標登録マークなどの表記は省略しています。

本書の使い方

本書は平成30年施行の新要領・指針の内容を最初に提示すると共に、発達や指導計画に続く保育ドキュメンテーションにはダイナミックな内容が掲載されています。この中から「主体的・対話的で深い学び」が読み取れることを期待します。また、特に重要視されている小学校への接続・連携に関しては、様々な項目からの示唆がされています。

発達の様子を知る

子どもの様子・特徴を捉え、担当のクラスの状況をよく観察することが必要です。

保育計画

子どもの発達と保育内容を踏まえ、発達年齢別保育内容を作成した後、年・月・週・日の指導計画を作成します。

※指導計画の作成は、『新要領・指針サポートブック』（世界文化社刊）も併せてご参照ください。

Plan　あそびプロジェクト

保育計画に基づいた活動案

Do

Check　保育ドキュメント

実践記録とアドバイス

保幼小連携

小学校教育にスムーズに移行できるよう、小学校教育を受けるための必要な力を提示し、園・保護者・小学校・医療・福祉などが連携して到達できるように協力します。

Act　保育ドキュメンテーション

子どもの姿や教育的意味を明確化した保育の開示

ドキュメントと評価

子どもの様子を時系列で書き綴る（ドキュメント）というのは、意外と難しいものです。子どもの行動やその場面での出来事、子どもの発する言葉など、よくよく注意を払わないと記録に残すことはできません。しかしこの記録から見える保育の在り方や子どもの発達を省察していく上で、保育ドキュメントは実に有効な手段です。保育計画の設定が適切であったか、子どもの活動に対し保育者の対応は適切であったか、子どもの言葉に返した保育者の言葉は適切なものになっていたかなど、保育ドキュメントからは、指導計画では表せないより細かな子どもの様子や現場の対応が見えてきます。自分の書いた保育ドキュメントに先輩や主任からアドバイスをもらうことも一つの評価につながり、保育の質の向上につながっていくことでしょう。

保育ドキュメンテーションのすすめ

要領・指針を基本に置き、教育課程及び全体的な計画から指導計画に続く「学び」を目に見える形にしたのが「保育ドキュメンテーション」です。ドキュメンテーションは子どもと保育者、そして保護者や地域を結び、保育を共有する手段のひとつです。例えば写真を入れた保育の記録作りは、可視化により保育者にとって自らの保育を再確認できるとともに、子どもの成長をより明確に認識できます。また保育者間の研修材料としても具体性に富み、より意味のあるものになります。さらに保護者向けに掲示することで、保育者が日々の保育にどのようなねらいと目的をもって子どもの成長を援助しているかが伝わり、同じ方を向いて子育てをすることができる「共育」の助けになります。あわせて地域への発信としても有効であり、乳幼児教育施設の役割をよりわかりやすく理解してもらう「協育」のツールにもなります。つまり、「共育・協育・教育」をしていくためにドキュメンテーションの取り組みはおすすめなのです。

→ ドキュメンテーションを通して活発なコミュニケーションを

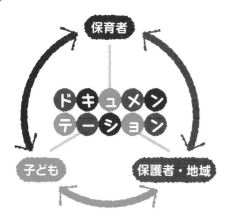

ドキュメンテーションには、保育のねらいやその経過、保育や子どもに対しての気づき、子どもの学びが見えてきます。またその日の保育だけではなく教育的視点や次の保育につながるヒント、子どもの発達への思いや流れが表示されます。見やすい画面構成と視覚に訴える写真は、保護者の興味を引き、保育に対して具体的な会話を展開し楽しむことができます。これは保護者の保育理解につながるだけでなく、子どもと一緒に写真を見ることは、子どもや保育者にとって、保育の追体験とあわせて学びの再確認ができることにもなります。もちろん、園内研修の教材として最高のコミュニケーションツールにもなり得るでしょう。

効果的な保育ドキュメンテーションの使い方

子ども	園	地域	保護者
ドキュメンテーションを作成した時点の保育の目的に沿った発達が、記録された子どもの行動や言葉から明確に見えると同時に、個人記録の作成上、写真から導き出される保育者の記憶をたどるのにも大きな助けになります。またドキュメンテーションの作成をくり返すことで、子どもの成長や発達の流れを保育者だけでなく子ども自身も見ることができるのも楽しいですね。	各クラスで作成したドキュメンテーションは、それぞれの保育を他のクラスにもわかりやすく見せることで、園の方針に沿った保育が行われているかが見えると同時に、園内研修や新任保育者の研修資料として大いに活用できるものになります。ドキュメンテーションが作成され続けることで、保育の歴史を語る園の素晴らしい資料にもなりますね。	各種行事や地域のイベントへの参加とは違い、日々の保育の中身はなかなか外には見えにくいものです。しかしこのドキュメンテーションは保育のねらいや子どものかかわりと成長が、保育者の教育的視点を含めて写真と一緒に提示され、地域にも幼児教育の理解が得られやすい形になっています。ただし、個人情報開示には十分注意が必要です。	連絡帳や朝夕の保護者との会話のなかでは伝えきれない保育と子どもの発達があります。保護者にとって保育の中身が見えないことは、保育者を信じているとはいえ不安要因のひとつです。保育がねらいに沿って行われ、子どもの成長が文章や写真で明確に見えることは保護者にとっても安心と喜びにつながります。ドキュメンテーションを提示することで、共に育てる意識をはぐくみましょう。

ドキュメンテーションとは

→ ドキュメンテーションとは

ドキュメンテーションということばの意味は、情報を収集して整理、体系化し記録を作成すること、または、文書化し可視化することです。これを保育におけるドキュメンテーションに当てはめると、保育や子どもに関する情報を集めて整理し、目的に合った形で様々に記録し、保育者・子ども・保護者に発信することです。

→ 記録を取る際に重要なことは？

保育や子どもの成長を観察する際には、多くの子どもに当てはまる基礎的な評価とともに、個人差や個性を重視した記録、評価が必要です。そして何よりも保育ドキュメンテーションで重要なのは、その記録がだれが見てもわかりやすく、保育の専門家としての知識や意図が伝わる形になっていることです。

→ 観察記録は保育にどう役立つ？

観察記録からは、子どもの考え方や認知過程（発達過程）を知ることができるといわれています。もちろん、保育者に認知過程（発達過程）を把握する観察力が備わっていることが求められますが、観察記録を他の保育者や保護者などと共有することで、一人では気付かなかったことに気付いたり、新しい発見をすることができるのです。

→ おわりに

→ 保育ドキュメンテーションはどう作る？

1 指導計画からつながる「保育プロジェクト」（週案、日案）を作成します。保育のねらいや環境構成を明確にし、子どものどういう発達を目的としたかを説明できるようにしておきましょう。

2 「保育プロジェクト」を実施する中で、子どもの言動や環境へのかかわり方をよく観察し、「保育ドキュメント」として時系列で記録します。これをもとに先輩保育者や主任、園長等から助言をもらいましょう。「子どもの言動や行動にひそんでいる発達」を見抜く力がついてきます。

3 「保育プロジェクト」や「保育ドキュメント」に写真や文章を加え、子どもの学びや成長がわかりやすい「保育ドキュメンテーション」の形にまとめ、開示します。

「保育ドキュメンテーション」を作成する一連の流れは、子どもの保育環境を豊かにし、保育者の観察力を育て、保育者・子ども・保護者間のコミュニケーションツールとなり、保護者と連携して子育てができる環境を形づくることになるでしょう。子どもの豊かな成長のために、そして保育の質の向上のために、発信のしかたをほんの少し工夫してみましょう。

育みたい資質・能力

乳幼児期にどんな資質・能力を育てたいのかを明確化したのが「育みたい資質・能力」です。「育みたい資質・能力」はいずれも指針・要領に示すねらい及び内容（5領域や乳児期の3つの視点）に基づく活動全体によって育まれ、園児の修了時・就学時の具体的な姿が「幼児期の終わりまでに育ってほしい姿」へとつながります。

小学校への接続も意識して、小学校以降の育みたい資質・能力と揃え、学校教育の始まりとされています。

→ 「育みたい資質・能力」の3本の柱

1 「知識及び技能の基礎」

豊かな体験を通じて、感じたり、気付いたり、分かったり、できるようになったりする。

2 「思考力・判断力・表現力等の基礎」

気付いたことや、できるようになったことなどを使い、考えたり、試したり、工夫したり、表現したりする。

3 「学びに向かう力、人間性等の基礎」

心情、意欲、態度が育つなかで、よりよい生活を営もうとする。

---

column コラム **主体的・対話的で深い学び**

学びの目的は？ 子どもたちが生涯にわたり、能動的（アクティブ）に学び続ける姿勢を育むことが主体的・対話的で深い学びの目的であり、乳幼児期にそれらの土台の形成が求められている。

主体的な学び

周囲の環境に興味や関心を持って積極的に働きかけ、見通しを持って粘り強く取り組み、自らの遊びを振り返って、期待を持ちながら、次につなげる「主体的な学び」が実現できているか。

対話的な学び

他者との関わりを深める中で、自分の思いや考えを表現し、伝え合ったり、考えを出し合ったり、協力したりして自らの考えを広げ深める「対話的な学び」が実現できているか。

深い学び

直接的・具体的な体験の中で、「見方・考え方」を動かせて対象と関わって心を動かし、幼児なりのやり方やペースで試行錯誤を繰り返し、生活を意味あるものとしてとらえる「深い学び」が実現できているか。

5領域と10の姿

5領域

→ 施設や制度による違い

point 1
5領域のねらいは、「教育及び保育（※1）において育みたい資質・能力を園児（※2）の生活する姿から捉えたもの」として示されています。また、これまでの「心情、意欲、態度を身に付ける」ことも含めて「資質・能力の3本の柱を育む」ことを目的としています。

point 2
3つの視点及び5領域を、「乳児期」を起点に「（満）1歳以上（満）3歳未満」「（満）3歳以上」へと積み上げていくものとして、記載内容の連続性と、その違いについて理解を深めましょう。

施設によって異なる語句の使い分け

	認定こども園	保育所	幼稚園
※1	教育及び保育	保育	教育
※2	園児	子ども	幼児

10の姿

→ 幼児期の終わりまでに育ってほしい姿 **10** 項目

❶ 健康な心と体
❷ 自立心
❸ 協同性
❹ 道徳性・規範意識の芽生え
❺ 社会生活との関わり
❻ 思考力の芽生え
❼ 自然との関わり・生命尊重
❽ 数量や図形、標識や文字などへの関心・感覚
❾ 言葉による伝え合い
❿ 豊かな感性と表現

point 1 「育ってほしい姿」であって到達目標ではない

幼児期の終わりまでに育ってほしい姿として示されている10の項目は、「保育者が指導を行う際に考慮するもの」です。これらは要領・指針で示される「ねらい及び内容」に基づく活動全体を通して、「資質・能力」が育まれている幼児の、幼児期終了時における「育ってほしい具体的な姿」であり、到達目標ではありません。また、その内容は、特に年長学年において強く意識するものととらえましょう。

point 2 小学校教育との接続時の共通言語

なだらかな接続をするには双方で連携し通じあう必要があることから、理解しやすさを第一に考えられています。幼児期から少年少女期に差しかかるときの姿について、子どもの育ちをわかりやすく具体的に可視化したものです。要録にも示される可能性が高く、幼児期の育ちと学びを小学校以降にも伝えることが「10の姿」の意味です。

全体的な計画

→ 全体的な計画とは

各要領・指針が示すところに従い、入園から修了までの在園期間の全体にわたり、園の目標に向かってどのように教育や保育を進めていくかを明らかにするものです。今回の改定で、認定こども園、保育所、幼稚園のすべてで「全体的な計画」を作成することになりました。共通する新たな内容として、生きる力の基礎である「育みたい資質・能力」（p. 7 参照）や「幼児期の終わりまでに育ってほしい姿」（p. 8 参照）なども、教育や保育のなかで考慮する必要があります。子育て支援や教育時間外の教育活動も含まれます。各要領・指針に記載されている内容に応じた全体的な計画を作成しましょう。

→ 全体的な計画の作成イメージ

認定こども園

「教育＋保育＋子育ての支援」の記述が必要

★教育及び保育の内容と子育て支援などの内容の有機的関連を図りつつ、園の全体像を包括的に示す全体的な計画を作成します。

★義務教育及びその後の教育の基礎としての「満3歳以上の園児に対する教育」と「保育を必要とする子どもに該当する園児に対する保育」を一体的に提供し、0歳から小学校就学前までの園児の教育及び保育を一貫して行うための計画を作成します。

（「全体的な計画」を構成する計画）

- 満3歳以上の園児の教育課程に係る教育時間の教育活動のための計画
- 満3歳以上の保育を必要とする子どもに該当する園児の保育のための計画
- 満3歳未満の保育を必要とする子どもに該当する園児の保育のための計画
- 保護者等に対する子育ての支援の計画
- 一時預かり事業などとして行う活動のための計画
- 園生活全体を捉えた計画
- 安全の計画・保健計画・災害の計画など

これらが各指導計画へとつながります。ただし、計画は別個に作成するものではなく、園児一人ひとりにとって園生活がよりよいものとなるよう創意工夫し、教育及び保育の内容についての相互関連を図り、調和と統一のとれた計画であることが重要です。

保育所

「幼児教育を行う施設」としての記述が必要

★保育の内容が組織的・計画的に構成されるために、指針の第2章に沿った記述が必要です。

★幼児教育を行う施設として認定こども園や幼稚園と「同等の教育」をどう記述するか。計画のなかで「教育課程に係る」という表現を「保育内容5領域に基づく」とするなど、「教育と保育を一体的に提供する」保育所としての記述の工夫が必要です。特に、3歳以上児の保育の時間は教育部分をどのように記述するか考えましょう。

★保健計画・食育計画、及び各園が大切にする項目について、簡易に記述することで、詳細の計画につながっていきます。

幼稚園

「教育課程＋その他の計画」の記述が必要

★要領の第3章にある教育課程外の時間、預かり保育や避難訓練、交通安全など、いろいろな計画を関連づけながら、教育課程を中心にして全体的な計画を作成します。見通しを持って幼児の生活を把握し、「カリキュラム・マネジメント」を充実させる観点から、登園から降園まで、一体的に教育活動が展開されるようにします。

教育課程

教育課程とは、幼児教育として満3歳以上について共通のねらいと内容を持ち、資質・能力を育てる課程を表したもので、幼児教育と小学校以降の教育のつながりを明確にし、社会に開かれた教育課程の実現を目指すものです。年間39週以上、月曜日から金曜日までの5日間、1日4時間を標準としています。

社会に開かれた教育課程の実現

 社会や世界の状況を幅広く視野に入れ、学校教育を通じてよりよい社会を創るという目標を持ち、全体的な計画に含まれる教育課程を介してその目標を社会と共有します。

これからの社会を創りだしていく子どもたちが社会や世界に向きあい、かかわりあい、自らの人生を切り拓いていくために求められる資質・能力とは何かを教育課程において明確化していきます。

教育課程の実施にあたって、地域の人的・物的資源を活用する、放課後や土曜日等を活用した社会教育との連携を図るなど、学校教育を学校内に閉じずに、その目指すところを社会と共有・連携しながら実現させていきます。

資質・能力、10 の姿とのつながり

教育課程の作成の際は、各法人の理念に加え、「育みたい資質・能力」と「主体的・対話的で深い学び」を踏まえた目標を提示しましょう。また、「幼児期の終わりまでに育ってほしい10の姿」を念頭に置いて、卒園までに園児がどのような力を育むのかを整理しましょう。

就学前のカリキュラム・小学校との接続

カリキュラム・マネジメント

➡️ カリキュラム・マネジメントとは

教育および保育の全体的な計画や教育課程の実施状況を評価し改善を図っていくことです。カリキュラムを実践に生かすために必要な人的または物的環境の体制を確立することで改善を図ります。つまり教育および保育の内容や子育て支援などに関して、組織的かつ計画的に質の向上を図っていくための総体的な管理を行うことと捉えます。

園長を中心として教職員全員が高い参画意識をもちながら、園全体や個別に実施する計画およびその内容を適切なものに改めていくようなPDCAサイクルの構築が望ましいでしょう。

➡️ 評価について

適切な改善を行うための根本は的確な評価です。基本は前述のマネジメントの内容を確認することになります。例えば「全体的な計画」「教育課程」などで計画したねらいや内容は問題なく実施できたか、実施した効果、年齢ごとに設定したねらいの達成度はどうかなどの概要部分と、選択したあそびや活動、用意した環境、保育者の関わりなど適切であったかを具体的に洗い出し、その結果をもたらした要因（全体的な人的・物的な要因も含め）は何かを見つけ出すことです。

明確になった要因は、次のPDCAにおける思考の出発点となります。ここで評価し改善される対象には、「全体的な計画」「教育課程」を含む各計画の文言・表現の統一、わかりやすい様式への改訂、書式の簡素化、園の独自性の発揮、子どもの実態や家庭の状況の盛り込みなども含まれます。また、この要因を解決・改善するための手法や技法については、専門性の向上、実践の改善、質の向上の3点を考慮しながら検討します。こうして見いだされたものは保育者のキャリアパス構築および役職・役割の選択、スキルアップについての研修を選択する際の指標となるのではないでしょうか。

小学校との接続

➡️ 小学校教育との接続への期待

小学校教育との接続に関しての内容は指針・要領ともほぼ同一であり、「組織や人の連携を図り、小学校教育との円滑な接続を図る」とされています。

5領域を示すだけではなく、育みたい資質・能力と幼児期の終わりまでに育ってほしい姿としての10項目を示すことで、指導計画や要録が小学校教育との接続の場面においてより重要なものとなることが期待されます。

➡️ 共通言語としての資質・能力の3本柱と10の姿

小学校以降の生活や学習の基礎、生きる力の育成につながることを念頭に、乳幼児教育および保育施設として、あそびの中から学んでいく子どもたちの日々の姿を、教育および保育において育みたい資質・能力の3本の柱と幼児期の終わりまでに育ってほしい10の姿で捉え、成長の個人差を考慮しながら小学校へ伝えられるようにします。

➡️ 指導計画への反映

全体的な計画にはもちろん、5歳児の指導計画には別枠で「小学校との接続」の欄を設けることも考えられます。例えば月間指導計画にはその月に行う小学校教諭との合同研修会やおたよりの交換など、特に意識して小学校と共有したい「幼児期の終わりまでに育ってほしい10の姿」などを記入することができるようにします。指導計画に記入欄を設けることによって小学校教育との接続および小学校との連携を常に、また、計画的に意識することができ、要録記入の際にも園での学びの連続性を小学校に伝えやすくなります。

「資質・能力」の育ちの一覧表（乳児から幼児期の終わりまで）

幼保連携型認定こども園養護【第1章第3-5 (1) と (2)】		乳児期（三つの視点）【第2章第1ねらい及び内容】		5領域	満1歳〜満3歳未満（5領域）【第2章第2ねらい及び内容】	満3歳以上（5領域）【第2章第3ねらい及び内容】
生命の保持	・(生命の保持) 園児一人一人が、快適にかつ健康で安全に過ごせるようにするとともに、その生理的欲求が十分に満たされ、健康増進が積極的に図られるようにする。	健やかに伸び伸びと育つ	身体的発達／健やかに伸び伸びと育つ [健康な心と体を育て、自ら健康で安全な生活をつくり出す力の基盤を培う。] ねらい （1）身体感覚が育ち、快適な環境に心地よさを感じる。 （2）伸び伸びと体を動かし、はう、歩くなどの運動をしようとする。 （3）食事、睡眠等の生活のリズムの感覚が芽生える。 【健康】	健康	[健康な心と体を育て、自ら健康で安全な生活をつくり出す力を養う。] ねらい (1)明るく伸び伸びと生活し、自分から体を動かすことを楽しむ。 (2)自分の体を十分に動かし、様々な動きをしようとする。 (3)健康、安全な生活に必要な習慣に気付き、自分でしてみようとする気持ちが育つ。	[健康な心と体を育て、自ら健康で安全な生活をつくり出す力を養う。] ねらい (1)明るく伸び伸びと行動し、充実感を味わう。 (2)自分の体を十分に動かし、進んで運動しようとする。 (3)健康、安全な生活に必要な習慣や態度を身に付け、見通しをもって行動する。
		身近な人と気持ちが通じ合う	社会的発達／身近な人と気持ちが通じ合う [受容的・応答的関わりの下で、何かを伝えようとする意欲や身近な大人との信頼関係を育て、人と関わる力の基盤を培う。] ねらい （1）安心できる関係の下で、身近な人と共に過ごす喜びを感じる。 （2）体の動きや表情、発声等により、保育教諭等と気持ちを通わせようとする。 （3）身近な人と親しみ、関わりを深め、愛情や信頼感が芽生える。 【人間関係】【言葉】	人間関係	[他の人々と親しみ、支え合って生活するために、自立心を育て、人と関わる力を養う。] ねらい (1)幼保連携型認定こども園での生活を楽しみ、身近な人と関わる心地よさを感じる。 (2)周囲の園児等への興味・関心が高まり、関わりをもとうとする。 (3)幼保連携型認定こども園の生活の仕方に慣れ、きまりの大切さに気付く。	[他の人々と親しみ、支え合って生活するために、自立心を育て、人と関わる力を養う。] ねらい (1)幼保連携型認定こども園の生活を楽しみ、自分の力で行動することの充実感を味わう。 (2)身近な人と親しみ、関わりを深め、工夫したり、協力したりして一緒に活動する楽しさを味わい、愛情や信頼感をもつ。 (3)社会生活における望ましい習慣や態度を身に付ける。
情緒の安定	・(情緒の安定) 園児一人一人が安定感をもって過ごし、自分の気持ちを安心して表すことができるようにするとともに、周囲から主体として受け止められ主体として育ち、自分を肯定する気持ちが育まれていくようにし、くつろいで共に過ごし、心身の疲れが癒やされるようにする。			環境	[周囲の様々な環境に好奇心や探究心をもって関わり、それらを生活に取り入れていこうとする力を養う。] ねらい (1)身近な環境に親しみ、触れ合う中で、様々なものに興味や関心をもつ。 (2)様々なものに関わる中で、発見を楽しんだり、考えたりしようとする。 (3)見る、聞く、触るなどの経験を通して、感覚の働きを豊かにする。	[周囲の様々な環境に好奇心や探究心をもって関わり、それらを生活に取り入れていこうとする力を養う。] ねらい (1)身近な環境に親しみ、自然と触れ合う中で様々な事象に興味や関心をもつ。 (2)身近な環境に自分から関わり、発見を楽しんだり、考えたりし、それを生活に取り入れようとする。 (3)身近な事象を見たり、考えたり、扱ったりする中で、物の性質や数量、文字などに対する感覚を豊かにする。
		身近なものと関わり感性が育つ	精神的発達／身近なものと関わり感性が育つ [身近な環境に興味や好奇心をもって関わり、感じたことや考えたことを表現する力の基盤を培う。] ねらい （1）身の回りのものに親しみ、様々なものに興味や関心をもつ。 （2）見る、触れる、探索するなど、身近な環境に自分から関わろうとする。 （3）身体の諸感覚による認識が豊かになり、表情や手足、体の動き等で表現する。 【環境】【表現】	言葉	[経験したことや考えたことなどを自分なりの言葉で表現し、相手の話す言葉を聞こうとする意欲や態度を育て、言葉に対する感覚や言葉で表現する力を養う。] ねらい (1)言葉遊びや言葉で表現する楽しさを感じる。 (2)人の言葉や話などを聞き、自分でも思ったことを伝えようとする。 (3)絵本や物語等に親しむとともに、言葉のやり取りを通じて身近な人と気持ちを通わせる。	[経験したことや考えたことなどを自分なりの言葉で表現し、相手の話す言葉を聞こうとする意欲や態度を育て、言葉に対する感覚や言葉で表現する力を養う。] ねらい (1)自分の気持ちを言葉で表現する楽しさを味わう。 (2)人の言葉や話などをよく聞き、自分の経験したことや考えたことを話し、伝え合う喜びを味わう。 (3)日常生活に必要な言葉が分かるようになるとともに、絵本や物語などに親しみ、言葉に対する感覚を豊かにし、保育教諭等や友達と心を通わせる。
				表現	[感じたことや考えたことを自分なりに表現することを通して、豊かな感性や表現する力を養い、創造性を豊かにする。] ねらい (1)身体の諸感覚の経験を豊かにし、様々な感覚を味わう。 (2)感じたことや考えたことなどを自分なりに表現しようとする。 (3)生活や遊びの様々な体験を通して、イメージや感性が豊かになる。	[感じたことや考えたことを自分なりに表現することを通して、豊かな感性や表現する力を養い、創造性を豊かにする。] ねらい (1)いろいろなものの美しさなどに対する豊かな感性をもつ。 (2)感じたことや考えたことを自分なりに表現して楽しむ。 (3)生活の中でイメージを豊かにし、様々な表現を楽しむ。

ねらいは教育及び保育において育みたい資質・能力を園児の生活する姿から捉えたもの／内容は、ねらいを達成するために指導する事項／各視点や領域は、この時期の発達の特徴を踏まえ、教育及び保育のねらい及び内容を乳幼児の発達の側面から、乳児は三つの視点として、幼児は五つの領域としてまとめ、示したもの／内容の取扱いは、園児の発達を踏まえた指導を行うに当たって留意すべき事項

幼児期の終わりまでに育ってほしい姿　10項目【第1章第1-3（3）】			付属CD「46細目」参照	育みたい資質・能力【第1章第1-3（1）】		小学校以上の資質・能力
ア	健康な心と体【健康】	幼保連携型認定こども園における生活の中で、充実感をもって自分のやりたいことに向かって心と体を十分に働かせ、見通しを持って行動し、自ら健康で安全な生活をつくり出すようになる。	8項	個別の「知識及び技能の基礎」	豊かな体験を通じて、感じたり、気付いたり、分かったり、できるようになったりする「知識及び技能の基礎」	何を理解しているか、何ができるか（生きて働く「知識・技能」の習得）
イ	自立心【人間関係】	身近な環境に主体的に関わり様々な活動を楽しむ中で、しなければならないことを自覚し、自分の力で行うために考えたり、工夫したりしながら、諦めずにやり遂げることで達成感を味わい、自信をもって行動するようになる。	4項			
ウ	協同性【人間関係】	友達と関わる中で、互いの思いや考えなどを共有し、共通の目的の実現に向けて、考えたり、工夫したり、協力したりし、充実感をもってやり遂げるようになる。	4項			
エ	道徳性・規範意識の芽生え【人間関係】	友達と様々な体験を重ねる中で、してよいことや悪いことが分かり、自分の行動を振り返ったり、友達の気持ちに共感したり、相手の立場に立って行動するようになる。また、きまりを守る必要性が分かり、自分の気持ちを調整し、友達と折り合いを付けながら、きまりをつくったり、守ったりするようになる。	5項	「思考力・判断力・表現力等の基礎」	気付いたことや、できるようになったことなどを使い、考えたり、試したり、工夫したり、表現したりする「思考力、判断力、表現力等の基礎」	理解していること・できることをどう使うか（未知の状況にも対応できる「思考力・判断力・表現力等」の育成）
オ	社会生活との関わり【人間関係】	家族を大切にしようとする気持ちをもつとともに、地域の身近な人と触れ合う中で、人との様々な関わり方に気付き、相手の気持ちを考えて関わり、自分が役に立つ喜びを感じ、地域に親しみをもつようになる。また、幼保連携型認定こども園内外の様々な環境に関わる中で、遊びや生活に必要な情報を取り入れ、情報に基づき判断したり、情報を伝え合ったり、活用したりするなど、情報を役立てながら活動するようになるとともに、公共の施設を大切に利用するなどして、社会とのつながりなどを意識するようになる。	6項	「学びに向かう力、人間性等」	心情、意欲、態度が育つ中で、よりよい生活を営もうとする「学びに向かう力、人間性等」	どのように社会・世界と関わり、よりよい人生を送るか（学びを人生や社会に生かそうとする「学びに向かう力・人間性等」の涵養）
カ	思考力の芽生え【環境】	身近な事象に積極的に関わる中で、物の性質や仕組みなどを感じ取ったり、気付いたりし、考えたり、予想したり、工夫したりするなど、多様な関わりを楽しむようになる。また、友達の様々な考えに触れる中で、自分と異なる考えがあることに気付き、自ら判断したり、考え直したりするなど、新しい考えを生み出す喜びを味わいながら、自分の考えをよりよいものにするようになる。	6項			
キ	自然との関わり・生命尊重【環境】	自然に触れて感動する体験を通して、自然の変化などを感じ取り、好奇心や探究心をもって考え言葉などで表現しながら、身近な事象への関心が高まるとともに、自然への愛情や畏敬の念をもつようになる。また、身近な動植物に心を動かされる中で、生命の不思議さや尊さに気付き、身近な動植物への接し方を考え、命あるものとしていたわり、大切にする気持ちをもって関わるようになる。	4項	小学校との接続関係		※例1）小学校学習指導要領/第1章総則/第2教育課程の編成/4学校段階間の接続（1）　幼児期の終わりまでに育ってほしい姿を踏まえた指導を工夫することにより、幼稚園教育要領等に基づく幼児期の教育を通して育まれた資質・能力を踏まえて教育活動を実施し、児童が主体的に自己を発揮しながら学びに向かうことが可能となるようにすること。幼児期の教育及び中学年以降の教育との円滑な接続が図られるよう工夫すること。特に、小学校入学当初においては、幼児期において自発的な活動としての遊びを通して育まれてきたことが、各教科等における学習に円滑に接続されるよう、生活科を中心に、合科的・関連的な指導や弾力的な時間割の設定など、指導の工夫や指導計画の作成を行うこと。→スタートカリキュラムの位置付け
ク	数量や図形、標識や文字などへの関心・感覚【環境】	遊びや生活の中で、数量や図形、標識や文字などに親しむ体験を重ねたり、標識や文字の役割に気付いたりし、自らの必要感に基づきこれらを活用し、興味や関心、感覚をもつようになる。	2項		※小学校教育との接続に当たっての留意事項イ　幼保連携型認定こども園の教育及び保育において育まれた資質・能力を踏まえ、小学校教育が円滑に行われるよう、小学校の教師との意見交換や合同の研究の機会などを設け、「幼児期の終わりまでに育ってほしい姿」を共有するなど連携を図り、幼保連携型認定こども園における教育及び保育と小学校教育との円滑な接続を図るよう努めるものとする。	
ケ	言葉による伝え合い【言葉】	保育教諭等や友達と心を通わせる中で、絵本や物語などに親しみながら、豊かな言葉や表現を身に付け、経験したことや考えたことなどを言葉で伝えたり、相手の話を注意して聞いたりし、言葉による伝え合いを楽しむようになる。	4項			
コ	豊かな感性と表現【表現】	心を動かす出来事などに触れ感性を働かせる中で、様々な素材の特徴や表現の仕方などに気付き、感じたことや考えたことを自分で表現したり、友達同士で表現する過程を楽しんだりし、表現する喜びを味わい、意欲をもつようになる。	3項			

各視点や領域に示すねらいは、こども園における生活の全体を通じ、園児が様々な体験を積み重ねる中で相互に関連をもちながら次第に達成に向かうもの／内容は、園児が環境に関わって展開する具体的な活動を通して総合的に指導されるものであることに留意／「幼児期の終わりまでに育ってほしい姿」が、ねらい及び内容に基づく活動全体を通して資質・能力が育まれている園児のこども園修了時の具体的な姿であることを踏まえ、指導を行う際に考慮する

5 歳児とは

健康

- 保育教諭や友だちと食べることを楽しみ、食べ物への興味や関心をもつことができる。
- 健康な生活のリズムが身につく。
- 身の回りを清潔にし、衣服の着脱・食事・排泄などの生活に必要な活動を自分でするようになる。
- 自分たちで生活の場を整えながら見通しをもって行動するようになる。
- 自分の健康に関心をもち、病気の予防などに必要な活動を進んで行うことができる。
- 危険な場所・危険なあそび方・災害時などの行動の仕方がわかり、安全に気をつけて行動することができる。

人間関係

- 自分で考え、自分で行動しようとする。
- 自分の思ったことを相手に伝え、相手の思っていることに気づくことができる。
- 友だちと活動する中で、共通の目的を見出し工夫したり、協力したりすることができる。
- よいことや悪いことがあるのに気づき、考えながら行動することができる。
- 友だちと楽しく生活する中で決まりの大切さに気づき守ろうとする。

環境

- 自然に触れて生活し、その大きさ・美しさ・不思議さなどに気づくことができる。
- 身近なものや遊具に興味をもって関わり、自分なりに比べたり関連づけたりしながら考えたり、試したりして工夫してあそぶことができる。
- 日常生活の中で簡単な標識や文字などに関心をもつ。

言葉

- したり、見たり、聞いたり、感じたり、考えたりなどしたことを自分なりに言葉で表現できる。
- したいこと、してほしいことを言葉で表現したり、わからないことを尋ねたりする。
- 人の話を注意して聞き、相手にわかるように話す。
- 生活の中で言葉の楽しさや美しさに気づくことができる。
- 日常生活の中で、文字などで伝える楽しさを味わうことができる。

表現

- 生活の中で様々な音・色・手触り・動きなどに気づいたり、感じたりして楽しむ。
- 様々な出来事の中で、感動したことを伝え合う楽しさを味わうことができる。
- 感じたこと、考えたことなどを、音や動きなどで表現したり、自由に描いたり、作ったりすることができる。

5歳児の保育を実践するにあたり、まずその年齢の特徴をよくつかんでおかなければなりません。また就学前教育の最後となる5歳児は、小学校教育を翌年度に控え、様々な配慮が必要な年齢です。小学校を意識した生活を心がけるようにしましょう。

この年齢になると個人差はありますが、基本的生活習慣はほぼ確立し、自分の身の回りのことはほとんど自分でできるようになります。また、運動機能はますます伸び、体を動かすことが楽しくてなりません。それまで大人に依存する部分が多かった人間関係も、仲間の存在が重要になり、みんなと一緒に目的をもって活動できるようになるため、集団保育の楽しさを実感できるようになります。

5歳児は語いの数も飛躍的に増え、基本的な話し言葉の完成期と言われています。3歳児で1000語と言われている語い数は、5～6歳児で急激に増えて、約4000語の言葉を獲得します。「なぜ？」「どうして？」「どうなってるの？」と物事の原理を追求しようとする気持ちが芽生え、様々なことに興味・関心が深くなります。自己中心性が減少して、相手の立場に合わせることもできるようになり、自己反省も生まれます。

脳の発達も著しく、それまでは手本をそのまま受け入れていたのに、5歳児になると自分で考え、自分で行動しようとします。やる気・自主性が芽生える時期です。

また、5歳児は小学校への就学を念頭に置いて保育にあたらなければなりません。小

学校学習指導要領の改訂により、子どもたちが未来社会を切りひらくため、子どもたちに求められる資質・能力とは何かを社会全体で共有するため、接続する小学校との共通言語として「幼児期の終わりまでに育ってほしい10の姿」を念頭に置いて、日々の保育・教育をしましょう。

年間指導計画ポイント

年間指導計画は、1年間の子どもの生活や発達を見通して長期的な計画を作ります。子どもの人数、男女比、誕生月の構成、興味・関心の在り方などを踏まえて、子どもの実態をとらえて作成することが重要です。

① 年間目標
園の方針をもとに、一年間を通して子どもの成長と発達を見通した全体の目標を記載します。

② 幼児期の終わりまでに育ってほしい姿10項目
保育者が指導を行う際に、発達の各時期にふさわしい生活が展開されるよう各項目を意識して計画を立てます。

③ 小学校との接続
小学校への円滑な接続に向けた取り組みを記載し、アプローチカリキュラムにつなげます。

④ 健康 安全 災害
健康や安全、環境および衛生管理、災害対応などについて記載します。

⑤ 一年間の教育・保育に対する自己評価
指導計画をもとに行った保育や指導方法が適切であったかどうか、設定していた「ねらい」を達成できたか、また、改善案などを記載し保育の質の向上を図ります。

認定こども園○○○園　年間指導計画案　5歳児

（※表は省略）

⑥ 園児の姿
学期中に育つ子どもの姿を見通して記載します。

⑦ ねらい
「年間目標」をもとに1～3学期に分けた、子どもが身につけることが望まれる心情や態度などを記載します。

⑧ 教育時間
「全体的な計画」で設定された教育時間の活動で想定される子どもの姿を記載します。

⑨ 教育時間を除いた時間
登降園や給食の時間など、教育時間以外の活動や子どもの育ちについて記載します。

⑩ 環境構成
「ねらい」を達成するために、子どもが活動する際、どのような環境設定が必要か記載します。

⑪ 子育ての支援
「年間目標」に沿って、保護者の自己決定や家庭状況に配慮しつつ子どもの最善の利益につながるよう配慮します。

⑫ 園行事および園事業
一年間で開催される園行事や園事業について記載します。

※本書の指導計画は、幼保連携型認定こども園での一例です。
※指導計画の作成は、『平成30年度施行　新要領・指針サポートブック』（世界文化社刊）も併せてご参照ください。

認定こども園○○○園 年間指導計画案 5歳児

	園長	主任	担当

※〔一年間の教育・保育〕・保育に対する自己評価〕は年度の終わりに記入します。

年間目標（学年の重点）

- 生活の中で充実感や満足感をもって、自分のやりたいことに向かって心と体を十分に動かし見通しをもって自ら健康で安全な生活を作り出す。
- 友だちと様々な体験を重ねる中で、自分の気持ちを調整し、友だちと折り合いをつけながら、決まりを作ったり、守ったりする。
- あそびや体験が深まる中で、多様な関わりを楽しみ予想したり振り返ったりして手応えや手ごたえを味わう。
- あそびや生活の中で、数量認識力が高まる。数量・図形・文字などへの関心・感覚を豊かにする。
- 生活の中で、感じたことや考えたことを自分で表現したり、友だち同士で表現する過程を楽しみ、意欲を高めたりする。
- 就学に向けて、自覚や自信をもち積極的に行動する。

幼児期の終わりまでにほしい姿10項目

- 健康な心と体
- 自立心
- 協同性
- 道徳性・規範意識の芽生え
- 社会生活との関わり
- 思考力の芽生え
- 自然との関わり・生命尊重
- 数量や図形、標識や文字などへの関心・感覚
- 言葉による伝え合い
- 豊かな感性と表現

	1学期（4月〜7月）	2学期（8月〜12月）	3学期（1月〜3月）
期			
園児の姿	● 5歳児としての生活に意欲や期待をもち活動している反面、緊張や不安も見られる。 ● 身近な動植物に関心をもち、野菜を育てたりして一緒にあそんだりする。 ● 色や形などを取り入れて一緒に作ったりしている。	● 走ったり、跳んだり、投げたりなど運動のあそびや、自然の変化に関心をもち、それに触れながらあそんでいる。 ● 色形などを取り入れ、友だちと共通の目的をもって、工夫したり、作ったりしている。	● 自分の意見や考えを伝えながら友だちと積極的にあそんでいる。 ● 基本的生活習慣が身の回りのことを自分でやろうとしている。
ねらい	● 5歳児としての自覚をもち、園生活を楽しみ、発見したり、生活に取り入れて楽しむ。 ● 身近な自然事象に自分から関わり、充実感を味わう。 ● 健康・安全な生活に必要な習慣や態度を身につけ、見通しをもって行動する。 ● 文字に興味をもち、あそびに使って楽しむ。	● 友だちと一緒に考えを出し合いながら、共通の目的をもって協力したりして充実感をもつ。 ● してよいことと悪いことがわかり、相手の立場に立って行動し、自分の気持ちを調整し折り合いをつけられるようになる。 ● 友だちと様々な体験を重ねる中で自分の気持ちを調整し、最後までやり遂げようとする充実感を味わう。 ● 音楽に親しみ、リズム楽器を使うことを歌うことを楽しむ。	● 自分の意見や考えを伝えながら友だちと関わり、意欲的に活動している。 ● 国歌や国旗に触れる中で国際理解への意識や思いをもつ。 ● 就学への自覚や自信をもち、意欲的に活動する。 ● 冬の生活や自然の変化に関心をもつ。
教育時間	● 新しい生活の仕方を知り、自分たちで生活の場を整えながら、見通しをもって行動する。 ● いろいろなあそびの中で十分に体を動かす。 ● 身近な動植物に親しみをもち、世話をしたりあそびに取り入れて楽しむ。 ● 文字に興味をもち、あそびに展開して楽しむ。	● いろいろな行事や活動、あそびにおいて、意欲的に取り組み、満足感や達成感をもつ。 ● 友だちと様々な体験を重ねる中で自分の気持ちを調整し、友だちと折り合いをつけながら協力する楽しさや充実感を味わう。	● 日本の伝統的なあそびや、国歌・唱歌・わらべうたなどに親しんだり、異なる文化に触れる。 ● いろいろなあそびの中で、数量や図形、標識や文字、時間などに親しむ体験をする。 ● それらの役割に気づき親しむ活動をもつ。 ● 冬のあそびや自然などの身近な事象に関心を、取り入れてあそぶ。
教育時間を除いた時間	● 様々な出来事の中で、感動したことや発見したことを伝え合い、楽しむ。 ● 当番活動など、保育教諭の手伝いや異年齢児の世話をする中で自分の役割に責任をもつ。	● 異年齢の友だちと運動あそびやコーナーあそびなど興味をもったあそびに一緒に楽しむ。 ● 音楽に親しみ、リズム楽器を使ったり歌を歌うことを楽しむ。	● 寒さに負けず十分に体を動かし、冬のあそびを楽しむなど、冬のあそびを積極的に楽しむ。 ● いろいろなあそびを友だちと楽しみながら、最後までやり遂げようとする。 ● 様々な素材や用具を適切に使い、作品作りを楽しむ。
■環境構成 **★援助・配慮**	● 栄養活動やいちご狩りなどを通し、自然や食育に関心をもつ機会をつくる。 ● 園児自らの遊びのびのびあそびや食育に関心をもつ機会をつくる。 ■ 文字への理解が高まるよう視覚支援として「あいうえお表」を掲示したり、文字カードを準備したりする。 ★ 自然に触れられる機会を多くし、美しさやおもしろさなどが感じ取れるようにする。 ★ 文字への理解には個人差があるので、個別に対応していく。	● 園児のもっているイメージがあそびの中でどのように表現されているかを理解し、そのための道具や用具、素材を用意する。 ■ 様々なあそびが十分に触れ、いろいろな経験ができるようにする。 ★ 遊びや用具を用意したり、様々な素材や表現の仕方に親しんだり、表現する気持ちを大切にし、自由に表現できるようにする。 ★ 新しい考えを生み出す喜びや自分とは異なる考えがあることに気づくようにしていく。	● 園児が異なる文化に触れる中で多様性に気づく関心をもてるよう、話をしたり視覚的に示したりする。 ■ 数量や図形、標識や文字、時間に関する教材を準備し、自由に関われるようにしておく。 ★ 園児が疑問に思ったことに対して得難い体験を補完できるようにする。 ★ 就学に向けて安心感や期待感をもてるよう一人ひとりの成長を再確認する。
子育ての支援 **（保護者支援）**	● 個人面談などを通し、子育ての相談や情報交換ができるよう努める。 ● 保護者に園児の様子や子育て教育の様子および保育内容がわかるよう、連絡帳・掲示物におたよりを使って知らせていく。	● 園児の成長の喜びを感じてもらえるよう他の保護者と関わったり、情報交換できる機会を大切にする。 ● 体調を崩しやすい時期なので、健康に過ごすための情報を発信する。	● 小学校以降の生活の見通しがもてるよう、園児の様子について保護者と細やかな情報交換をする。 ● 保護者と一緒に園児の成長を喜び合い、共感し合うことで子育てへの意欲や自信につなげていく。
園行事 **および園事業**	入園式／誕生会／異年齢活動／交通訓練／防災訓練／運動あそび／保健の日／内科健診／歯科検診／食育の日／避難訓練／見知り会／こどもの日の会／いちご狩り／消防見学／プール開き／育児講座	誕生会／異年齢活動／交通訓練／音楽指導／運動あそび／難訓練／食育の日／育児講座／見知り会／夏祭り／科健診／運動会／防火訓練／マラソン大会／お店屋さんごっこ／お遊戯音楽発表会／施設訪問	誕生会／異年齢活動／交通訓練／避難訓練／出初式／遊難訓練／交通訓練／食育の日／育児講座／ひなまつり会／卒園式／世代間交流（おおはずき）／鍛錬遠足／ハロウィンパレード／防火パレード／豆まきの会／ひなつの会／お別れ会／卒園式

小学校との接続

1学期	2学期	3学期
● 育ちつつある幼児の姿を記録し、小学校に送付する。 ● 小学校教諭と保育教諭の情報交換を通して共通理解を図る。 ● 交流会や小学校見学で小学生との関わり・生活慣行に関心をもって関係を深める。	● 月々の子どもの姿を記録し、小学校に送付する。 ● 小学校教諭と保育教諭との情報交換による共通理解を図る。 ● 交流会や小学校見学で小学生との触れ合いから関心を深める。 ● 育児体験や避難訓練を共同で開催する。 ● 教育・保育記録を送付し意見交換をする。	● 区域に合わせて水害・災害避難場所や防災用具の確認をし、把握する。 ● 避難訓練の大切さ、意味を理解し、安全に避難しようとする。 ● 健康な体づくりに関心をもち、内科・内科健診日を通し、病気や事故防止などの認識を深める。

対 一年間の自己評価※

- 子どもが日々の生活の中で、様々なことを体験できるよう環境構成することができた。
- 子どもが自分なりに考え、表現できるよう工夫したり、友だちと話したりする中で友だち同士のやりとりや学び合いに発展するような関わりをもてるようにしてきた。

月間指導計画ポイント

年間指導計画をもとに、より具体的に計画を作ります。子どもの様子や行事、生活の変化などを考慮し作成することが重要です。

1 月初めの園児の姿
月初めの子どもの発達状態や、園での様子を記載します。

2 月のねらい
「月初めの園児の姿」をもとに、保育教諭の援助によって子どもが身につけることを望まれる心情や態度などを記載します。

3 配慮すべき事項
子どもの発達や育ちについて月中の活動において留意する事柄などを記載します。

4 幼児期の終わりまでに育ってほしい姿10項目
保育教諭が指導を行う際に、発達の各時期にふさわしい生活が展開されるよう各項目を意識して計画を立てます。

5 小学校との接続
小学校への円滑な接続に向けた取り組みについて記載します。

6 子育ての支援
保育教諭と家庭が子どもについて相互理解を深め、連携して発達を促すように、子どもの姿や必要な援助を記載します。

7 園行事および園事業
月間に開催される園行事やクラス行事について記載します。

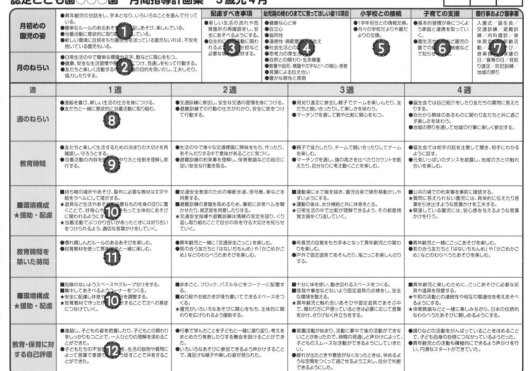

認定こども園○○○園　月間指導計画案　5歳児4月

	配慮すべき事項	幼児期の終わりまでに育ってほしい姿10項目	小学校との接続	子育ての支援	園行事および園事業
月初めの園児の姿 ❶	●異年齢児の世話をし、手本となり、いろいろなことを進んで行っている。 ●簡単なルールのあるあそびを工夫し、友だちとあそび、楽しんでいる。 ●当番活動に意欲的に取り組んでいる。 ●新しい環境に自信をもち喜び喜びいっぱいの生活を送っている園児もいれば、不安を抱いている園児もいる。 ❸	●新しい生活の流れや危険箇所の再確認をし、安全にあそべるようにする。 ●目的的な活動に関われるよう必要な情報などを提供する。 ❹	●健康な心と体 ●自立心 ●協同性 ●道徳性・規範意識の芽生え ●社会生活との関わり ●思考力の芽生え ●自然との関わり・生命尊重 ●数量や図形、標識や文字などへの関心・感覚 ●言葉による伝え合い ●豊かな感性と表現 ❺	●1学年担任との情報交換。 ●月々の学校だよりや園だよりの交換。 ❻	●誕生会や進級した園児の園での姿などを連絡帳などで知らせる。 ❼	入園式／誕生会／交通訓練／避難訓練／内科健診／身体測定／保健の日／食育の日／見知り遠足／防犯訓練／地域の祭り
月のねらい ❷	●日常生活の中で簡単な標識や文字、数などに関心をもつ。 ●健康、安全な生活習慣や態度を身につけ、見通しをもって行動する。 ●友だちと楽しく活動する中で活動の目的を見いだし、工夫したり、協力したりする。					

週	1週	2週	3週	4週
週のねらい ❽	●進級を喜び、新しい生活の仕方を身につける。 ●友だちと一緒に意欲的に当番活動に取り組む。	●交通訓練に参加し、安全な交通の習慣を身につける。 ●避難訓練での行動の仕方がわかり、安全に気をつけて行動する。	●見知り遠足に参加し親子でゲームを楽しんだり、友だちと競い合ったりして楽しさを味わう。 ●マーチングを通して数や比較に関心をもつ。	●誕生会では自己紹介をしたり友だちの質問に答えたりする。 ●自分より興味のあるものに関わり友だちと共に過ごす楽しさを味わう。 ●地域の祭りを通して地域の行事に楽しく参加する。
教育時間 ❾	●友だちと楽しく生活するための決まりの大切さを再確認し、守ろうとする。 ●当番活動の内容や当番のやり方と役割を理解し実行する。	●生活の中で様々な交通標識に興味をもち、作ったりあそんだりする中で意味があることに気づく。 ●避難訓練の約束事を理解し、保育教諭などの指示に従い安全な行動を取る。	●親子で協力したり、チームで競い合ったりしてゲームを楽しむ。 ●マーチングを通し、旗の高さを比べたりカウントを数えたり、自分なりに考え動くことを楽しむ。	●誕生会は相手の話を注意して聞き、相手にわかるように話す。 ●元気いっぱいのダンスを披露し、地域の方との触れ合いを楽しむ。
■環境構成 ★援助・配慮 ❿	■持ち物の場所やあそび、製作に必要な教材は文字や絵をラベルにして提示する。 ★遊具など生活であそびに必要なものを身の回りに置くことで、好奇心をもって主体的にあそびに関われるようにする。 ★当番活動でぶつかりあいがあったときには折り合いをつけられるよう、適切な言葉かけをする。	■交通安全教室のための横断歩道、信号機、車などを用意する。 ★避難訓練の意識を高めるため、事前に非常ベルを聞かせたり、紙芝居を用意したりする。 ★交通安全指導や避難訓練は情緒の安定を図り、くり返し取り組むことで自分の命を守る大切さを知らせていく。	■運動場に水で線を描き、園児自身で隊形移動がしやすいようにする。 ★運動の後は、水分補給と共に休憩をとる。 ★日常生活の中で比較が理解できるよう、その都度視覚支援をくり返していく。	■公共の場での約束事を事前に確認する。 ★質問に答えられない園児には、具体的に伝えたり言葉を引き出すような言葉かけを工夫する。 ★緊張している園児には、安心感を与えるような言葉かけを行う。
教育時間を除いた時間 ⓫	●慣れ親しんだルールのあるあそびを楽しむ。 ●知育教材を使って異年齢児と一緒に楽しむ。	●異年齢児と一緒に「交通安全ごっこ」を楽しむ。 ●気の合う友だちと「はないちもんめ」や「かごめかごめ」などのわらべうたあそびを楽しむ。	●年長児の自覚をもち手本となって異年齢児との関わりを楽しむ。 ●戸外で固定遊具であそんだり、鬼ごっこを楽しんだりする。	●異年齢児と一緒にごっこあそびを楽しむ。 ●気の合う友だちと「はないちもんめ」や「かごめかごめ」などのわらべうたあそびを楽しむ。
■環境構成 ★援助・配慮 ❿	■危険のないようスペースやグループ分けをする。 ★集中してあそびよいようコーナーをつくる。 ★安全に配慮し息抜きができるように調整する。 ★知育教材で作った作品を展示することで次への意欲につなげていく。	■ままごと、ブロック、パズルなどをコーナーに配置する。 ■ぬり絵やお絵かきが落ち着いてできるスペースをつくる。 ★園児がいろいろなあそびに関心をもち、主体的に関わりを広げられるよう援助する。	■十分に体を使い、動き回れるスペースをつくる。 ★異年齢児と触れ合いあそびや固定遊具であそぶ中で、関わり方に戸惑っているときは必要に応じて言葉をかけ、さりげなく仲立ちする。	■異年齢児と楽しむために、ごっこあそびに必要な玩具や道具を用意する。 ★午前の活動との連続性や相互の関連性を考えあそべるようにする。 ★保育教諭などと一緒に楽しみながら、日本の伝統的なわらべうたあそびに親しめるようにする。
教育・保育に対する自己評価 ⓬	●進級し、子どもの姿を把握したり、子どもとの関わりをしっかりもつことで、一人ひとりの理解を深めることができた。 ●子どもたちが不安なく生活を送れるよう、生活の説明や質問によって言葉で表現する力を促すことで共有することができた。	●行事で学んだことを子どもと一緒に振り返り、考えをまとめたり発表したりする機会を設けることができた。 ●いろいろなあそびに参加できるよう声かけすることで、満足した様子や楽しむ姿が見られた。	●菜園活動が始まり、活動に夢中で後の活動ができないことがあったので、時間の見通しを声かけによって、活動のスムーズな流れができるようにしていきたい。 ●疲れが出たときや意欲がなくなったときは、休めるような空間をつくって過ごせるよう工夫し、自分で判断できるようにした。	●踊りなどの活動をがんばっていることをほめることで、子ども自身の自信につながっているようだった。 ●異年齢児の活動を積極的にできるよう声かけを行い、円滑なスタートができていた。

8 週のねらい
月間の活動を週ごとに分ける場合は、その週のねらいを記載します。

9 教育時間
「全体的な計画」で設定された教育時間の活動で想定される子どもの姿を記載します。

10 環境構成
「ねらい」を達成するために、子どもが活動する際、どのような環境設定が必要か記載します。

11 教育時間を除いた時間
登降園や給食の時間など、教育時間以外の活動や子どもの育ちについて記載します。

12 教育・保育に対する自己評価
指導計画をもとに行った保育や指導方法が適切であったかどうか、設定していた「ねらい」を達成できたか、また、改善案などを記載し保育の質の向上を図ります。

※本書の指導計画は、幼保連携型認定こども園での一例です。
※指導計画の作成は、『平成30年度施行　新要領・指針サポートブック』（世界文化社刊）も併せてご参照ください。

認定こども園○○○○園 月間指導計画案 5歳児4月

園長	主任	担当

園行事および園事業
入園式／誕生会／交通訓練／避難訓練／身体測定／内科健診／異年齢活動／運動あそび／音楽指導／保健の日／食育の日／見知り遠足／防犯訓練／地域のお祭り

子育ての支援
●基本的な習慣が身につくよう家庭と連携を取っていく。
●園生活や行事など園児の日頃の様子を連絡帳などで知らせていく。

小学校との接続
●1学年担任との情報交換。
●日々の学校だよりなどや園だよりの交換。
●月々の交流。

幼児期の終わりまでに育ってほしい姿10項目
●健康な心と体
●自立心
●協同性
●道徳性・規範意識の芽生え
●社会生活との関わり
●思考力の芽生え
●自然との関わり・生命尊重
●数量や図形、標識や文字などへの関心・感覚
●言葉による伝え合い
●豊かな感性と表現

配慮すべき事項
●新しい生活の流れや危険箇所の再確認をし、安全にあそべるようにする。
●自主的に当番活動に関われるよう、役割分担など必要な情報を提供する。

月初めの園児の姿
●異年齢児の世話をし、手本となり、いろいろなことを進んで行っている。
●簡単なルールのあるあそびをくり返しあそび、楽しんでいる。
●当番活動に意欲的に取り組もうとしている。
●新しい環境にも自信をもち園生活を送っている園児もいれば、不安を抱いている園児もいる。

月のねらい
●日常生活の中で簡単な標識や文字、数などに関心をもつ。
●健康・安全な生活習慣や態度を身につけ、見通しをもって行動する。
●友だちと楽しくあそびながら活動する中で、共通の目的を見いだしたり、工夫したり、協力したりする。

週	1週	2週	3週	4週
週のねらい	●進級を喜び、新しい生活の仕方を身につける。 ●友だちと一緒に意欲的に当番活動に取り組む。	●交通訓練に参加し、安全な交通の習慣を身につけて行動する。 ●避難訓練での行動の仕方がわかり、安全に行動する。	●見知り遠足に参加し親子ゲームを楽しんだり、友だちと競いあったりして楽しさを味わう。 ●マーチングを通して数に興味・関心をもつ。	●誕生会では自己紹介をした友だちの質問に答えたりする。 ●自分から興味のあるものに関わり友だちと共に過ごす楽しさを味わう。 ●地域の祭りを通して地域の行事に楽しく参加する。
教育時間	●友だちと楽しく生活するための決まりの大切さを再確認し、守ろうとする。 ●当番活動の内容を確認し、やり方と役割を理解して実行する。	●生活の中で様々な交通標識に興味をもち、あそんだりする中で意識の高まりがあることに気づく。 ●避難訓練の内容を理解し、保育教諭などの指示に従い安全な行動を取る。	●親子で協力したり、チームで競い合ったりしてゲームを楽しむ。 ●マーチングを通し、旗の高さを比べたりカウントの数に合わせたりして考え行動することを楽しむ。	●誕生会では相手の話を注意して聞き、相手にわかるように話す。 ●元気いっぱいのダンスを披露し、地域の方との触れ合いを楽しむ。
■環境構成 ★援助・配慮	■持ち物の場所やあそび、製作に必要な教材は文字や絵などと一緒にして提示する。 ★遊具などは生活やあそびに必要なものを身の回りに置くことで、好奇心や探究心をもってあそびに関われるようにする。 ★当番活動でぶつかり合いがあったときには折り合いをつけられるよう、適切な言葉かけをしていく。	■交通安全のための横断歩道、信号機、車などを用意する。 ●避難訓練の意識を高めるため、事前に非常ベルを鳴らせたり、紙芝居を用意したりする。 ★交通安全指導や避難訓練は情緒の安定を図り、くり返し取り組むことで自分の命を守る大切さを知らせていく。	■運動場に水で線を描き、園児自身で隊形移動がしやすいようにする。 ●運動の後は、水分補給と共に休息を取る。 ●日常生活の中で比較的理解ができるよう、その都度視覚支援をくり返し行う。	■公共の場での約束事を事前に確認する。 ★質問に答えられない園児には、具体的に伝えたり言葉を引き出すような言葉かけを工夫する。 ★緊張している園児には、安心感を与えるような言葉かけを行う。
教育時間を除いた時間	●慣れ親しんだルールのあるあそびを楽しむ。 ●知育教材を使って異年齢児と一緒に楽しむ。	●異年齢児と一緒に「交通安全ごっこ」を楽しむ。 ●気の合う友だちと「はないちもんめ」やかごめかごめなどのわらべうたあそびを楽しむ。	●年長児の自覚をもち手本となって異年齢児との関わりを楽しむ。 ●戸外で固定遊具であそんだり、鬼ごっこを楽しんだりする。	●異年齢児と一緒にごっこあそびを楽しむ。 ●気の合う友だちと「はないちもんめ」やかごめなどのわらべうたあそびを楽しむ。
■環境構成 ★援助・配慮	■危険のないようスペースやグループ分けをする。 ■集中してあそべるようなコーナーをつくる。 ★安全に配慮し休息時間を十分あるよう調整する。 ★当番活動で作った作品を展示する作品コーナーを作ることで次への意欲につなげていく。	■ままごと、ブロック、パズルなどをコーナーに配置する。 ●ぬり絵やお絵かきなどあそびに落ち着いてできるスペースをつくる。 ★園児がいろいろなあそびに関わり落ち着いてあそべる空間をつくる。	■十分に体を使い、動き回れるスペースに配置する。安全技術や事故などがないよう固定遊具の点検をし、安全な環境を整える。 ★異年齢児と触れ合いあそびを通して、関わり方に戸惑っているときは必要に応じて言葉をかけ、さりげなく仲立ちをする。	■異年齢児と楽しみながら一緒にあそべる玩具や道具を用意する。 ●午前の活動との連続性や相互の関連性を考えるようにする。 ★保育教諭などと一緒に楽しみながらなわとびなどあそびを通して親しめるようにする。
教育・保育に対する自己評価	●進級し、子どもの姿を把握し、子どもとの関わりをしっかりもつことで、一人ひとりの理解を深めることができた。 ●子どもたちの不安感や期待を察し、生活の説明や質問によって言葉で表現するよう促すことで共有することができた。		●行事で学んだことを子どもと一緒に振り返り、まとめた発表したりする機会を設けることができた。 ●いろいろなあそびに参加して楽しむ様子が見られた。満足げな様子が見られた。	●進級などの活動をがんばっていることをほめることをためることで、子ども自身の自信につなげることによって、異年齢児の活動にも積極的にできるような声かけができていた。 ●通りなどの活動が始まり、活動に夢中で後の活動ができなくなってしまうことがあったので、時間の見通しをもてるようにしていくことで、園児が次の活動ができるようにしていきたい。 ●疲れが出たときや意欲がなくなったときなどは、休めるような空間をつくって過ごせるように工夫したり、自分で判断できるようにした。

5月 月間指導計画案

認定こども園○○○園　月間指導計画案　5歳児5月

	園長	主任	担当

月初めの園児の姿	月のねらい
●ルールのあるあそびやくり返しあそびを楽しんでいるが、問題が起こると保育教諭を頼りながら解決しようとする。 ●当番活動に責任をもって意欲的に取り組んでいる。 ●来園者に積極的に関わり、進んで世話をしようとしている。	●身近な自然事象に自分から関わり、発見を楽しんだり考えたりして、それを活動に取り入れようとする。 ●自分の体を十分に動かして、進んで運動しようとする。 ●友だちに思いや考えを伝え、相手の思いやイメージを受け止めながら、一緒にあそぶ楽しさを味わう。

配慮すべき事項	幼児期の終わりまでに育ってほしい姿10項目	小学校との接続	子育ての支援	園行事および園事業
●戸外での活動が多くなるので、活動前の準備や活動後の手洗い・うがいを入念に行う。 ●友だちとの協調関係を築く際、その際の関係性は、微妙な差があるので、邪魔にならない程度に仲立ちしながら、それぞれの園児の考えを補う。	●健康な心と体 ●自立心 ●協同性 ●道徳性・規範意識の芽生え ●社会生活との関わり ●思考力の芽生え ●自然との関わり・生命尊重 ●数量や図形、標識や文字などへの関心・感覚 ●言葉による伝え合い ●豊かな感性と表現	●小学校の運動会を見学する。 ●今年度の年間打ち合わせを行う。	●友だちのあそびの様子を知らせ、子どもの成長を喜び合えるようにする。 ●行事の日程や準備物の再度確認し、伝えていく。	こどもの日会・交通安全指導（訓練）運動会あそび／異年齢活動／歯科検診／食育活動（いちご狩り）／保健の日／誕生会

週

	1週	2週	3週	4週
週のねらい	●明るくのびのびと行動し、充実感を味わう。 ●身近な人と親しみ、関わりを深め、工夫したり、協力したりして一緒に生活したり、愛情や信頼感をもつ。	●身近な環境に自分から関わり、発見を楽しんだり、考えたりし、それを生活に取り入れようとする。 ●感じたことや考えたことを自分なりに表現して楽しむ。	●生活の中でイメージを豊かにし、様々な表現を楽しむ。 ●人の言葉や話などをよく聞き、自分の経験したことや考えたことを話し、伝え合う喜びを味わう。	
教育時間	●運動あそびでは、自分なりに目標をもち、意欲的に参加する。 ●母の日に関心をもち、母の日のプレゼント製作を楽しむ。	●春の自然に触れ、いろいろなことを収穫したり、調理したりすることを楽しむ。 ●イメージしたことや知っていることを自由に表現する。	●和太鼓のリズム打ちを楽しむ。 ●伝えたいことを言葉にしたり、文字にしたりして楽しむ。	
■環境構成 ★援助・配慮	■スペースを十分に確保し、そばについて危険のないように見守りながら、活動をサポートする。 ●母の日の製作に必要な材料や道具を用意し、身近にあるように準備する。 ★苦手意識をもたないよう、言葉がけなどを工夫したり、楽しさを共有したりしていく。 ★母の日に関連して、育ててもらった人への感謝の気持ちをもち、言葉や態度で表現できるようにする。	■いちご狩りに必要な道具に不足がないか確認しておく。ジャム作りの用具にはエプロン・三角巾・マスクを準備し、身近にしておくよう確認する。 ★一人ひとりの表現を認め、自信をもてるような言葉がけをする。 ★ジャム作りの際は、衛生面で用具を使用する際の安全面について、十分配慮する。	■練習に入りやすいよう和太鼓の準備、確認をしておく。 ●絵日記用の用紙や鉛筆・消しゴムなどを用意する。 ★リズムや振り付けがわかりやすく伝えて見守り、自信・意欲につなげていけるような働きかけをしていく。 ★わからない文字は伝えたり、一緒に書いてみせたりしていく。	
教育時間を除いた時間	●連休中の出来事を話して楽しむ。 ●戸外で固定遊具や砂場であそぶ。	●健康な生活の仕方を知り、自ら進んで行う。 ●絵本を見て、文字に親しみ、読むことを楽しむ。	●野菜の水やりを意欲的に、責任をもって取り組もうとする。 ●経験したことを自分なりに表現して楽しむ。	
■環境構成 ★援助・配慮	■固定遊具や周りの環境は、危険な箇所がないか確認しておく。 ★全身を使った活動に休息、水分補給、あそびの時間を配慮する。 ★話し合いでは友だちの話を最後まで聞いてから、自分のことを話すことができるような言葉がけをする。	■移動図書の絵本は、取り出して読みやすい場所に置いておく。 ★横を見ながら、わからない文字を伝えるようにする。 ★規則正しい生活をすることの大切さに気づき、必要なことを丁寧に伝えていく。	●自分たちで進んで世話ができるように、じょうろなどを取り出しやすいところへ置いておく。 ★野菜の成長を一人ひとりの期待を、喜びを共に味わえるよう一緒に観察する。 ★楽しかった出来事を、言葉や絵で自由に表現できるよう振り返って話をする。	

子育ての支援（続き）
●社会生活における望ましい習慣や態度を身につける。
●身近な環境に親しみ、自然と触れ合う中で様々な事象に興味や関心をもつ。
●友だちと楽しく生活する中で、決まりの大切さに気づき守ろうとする。
●春の自然に触れながら散歩を楽しむ。
●草花や虫などをすぐに調べられるよう、図鑑などを用意しておく。
★楽しく活動が展開できるよう、園児の行動を見守りながら適切な援助をしていく。
★園児の気づきや探求心を受け止め、共感していく。
●野菜の成長を心待ちにしながら、水やりをし、命の尊さを知る。
●異年齢児との関わりの喜び、お世話しようとする。
●野菜は、世話をすることで成長していくことを伝える。
★野菜は、世話をすることでわかりやすく伝え、一生懸命水やりをし、愛情や親しみをもって育てていけるよう配慮していく。
★年長児としての自信がもてるよう、ほめたり励ましたりしていく。

教育・保育に対する自己評価
●連休明けで泣いたり疲れている様子が見られたので、気持ちを受け止めたり負担がかからないように接することで、無理なく活動に移行することができた。
●いちご狩りや散歩の途中で、保育教諭に見せながら会話が生まれ相互交流ができていた。
●音楽指導や普段の取り組みを通してやり遂げる力を再確認し、継続する意欲をもつことができた。
●製作や野菜の見本を見せて、素材から作品へと変化する様子を声かけがなくても知らせ、意欲をもって取り組むことができた。
●友だち同士で大事なことを伝えることで、しっかり聞く態度が見られるようになってきた。

認定こども園○○○○園 月間指導計画案 5歳児6月

園長	主任	担当

月初めの園児の姿
- 自分たちの植えた野菜の成長を楽しみにして観察している。
- 友だちと思いを出し合ってあそぶことを喜んでいる。友だち同士の関わりの中でトラブルになることもある。
- 砂や水・泥・紙などいろいろな素材に触れて楽しんでいる。

配慮すべき事項
- 友だちとの関わりの中で、自分の気持ちや思いを伝えるような機会を設け、伝え合うことや相手の話を聞くことの大切さを感じられるようにする。
- 天気や季節の変化に関心がもてるような活動を取り入れる。

月のねらい
- 自分の思いや考えを友だちに伝えたり、友だちの話を聞いたりすることを楽しむ。
- 様々な素材に触れ、試したり工夫したりしてあそぶ。
- 梅雨時期の自然事象に関心・興味をもち、快適に過ごすために必要な生活の仕方を知り、取り入れようとする。

幼児期の終わりまでに育ってほしい姿10項目
- 健康な心と体
- 自立心
- 協同性
- 道徳性・規範意識の芽生え
- 社会生活との関わり
- 思考力の芽生え
- 自然との関わり・生命尊重
- 数量や図形、標識や文字などへの関心・感覚
- 言葉による伝え合い
- 豊かな感性と表現

小学校との接続
- 学校よりも園だよりで情報交換をする。
- 防犯訓練の打ち合わせ。

子育ての支援
- 梅雨時期に多い感染症や食中毒症について伝え、それぞれに留意し、健康に留意してもらう。
- 行事などの準備物は早めに知らせるようにする。

行事および園事業
交通訓練／異年齢活動／避難訓練／保健の日／運動あそび／食育の日／音楽指導／誕生会／消防署見学会

週案

週	1週	2週	3週	4週
週のねらい	●健康・安全な生活に必要な習慣や態度を身につけ、見通しをもって行動する。●身近な事象を見たり、考えたり、扱ったりする中で、物の性質や数量、文字などに対する感覚を豊かにする。	●身近な環境に親しみ、自然と触れ合う中で様々な事象に興味や関心をもつ。	●生活の中でイメージを豊かにし、様々な表現を楽しむ。●身近な人と親しみ、関わりを深め、工夫したり、協力したりして一緒に活動する楽しさを味わい、愛情や信頼感をもつ。	●身近な環境に自分から関わり、発見を楽しんだり、考えたり、それを生活に取り入れようとする。●絵本などに必要な言葉がわかるようになるとともに、絵本や物語などに親しみ、言葉に対する感覚を豊かにし、友だちや保育教諭などと心を通わせる。
教育時間	●雨の日の過ごし方を知り、安全に気をつけて行動しようとする。●「時の記念日」について知り、時計や時間に興味をもつ。	●梅雨の季節に興味を持ち、季節の生物に興味・関心をもつ。●父の日について知り、プレゼント作りを楽しむ。	●水・砂・土・泥の感触を楽しみ、特性を生かしてあそぶ。●友だちと思いを出し合って、様々な考えや気持ちに触れ、相手の思いも受け入れようとする。	●消防署について関心をもち、見学を楽しむ。●文字に関心をもち、読んだり書いたりする。
■環境構成 ★援助・配慮	■傘やカッパを準備し、正しい使い方について知らせる。■時計作りに必要な材料を用意する。★雨の日の歩き方や傘の使い方について、どんなことが危ないのか自分たちで考えられるようにする。★生活の中で時計を見て行動する機会をつくり、時間の大切さ、針の数字や針の長さを知らせるようにする。	■天気の変化に関心がもてるような活動やあそびを取り入れる。■プレゼント作りに必要な材料を準備する。★プレゼント作りは、自ら楽しんで取り組めるようにする。★身近な生き物に気づいたり気づいたことを調べるなどし、より関心が深まるようにする。★父の日に関連して、身近な人に感謝の気持ちをもてるようにする。	■水・砂・泥などの特性を生かしてあそびを取り入れる。★子どもたちそれぞれが楽しめるように準備をする。★子どもたちの気づきや試みを認め、挑戦する気持ちを高める。★友だちに言葉にして自分の思いを伝えたり、友だちの話を聞いて受け入れようとしたりする姿を十分に認める。	■消防署への行き来や職員配置の確認をする。★消防署見学においては、守らなければならない約束事を伝えた上で、親しみ、関心をもって楽しめるようにする。★消防署見学を各クラスで振り返り、自分なりに絵や短い文章で表現する機会をつくる。★文字を使いながら、思ったことや考えたことを伝えることを楽しさを味わっていけるようにする。
教育時間を除いた時間	●歯の大切さを知り、自分の健康に興味や関心をもつ。●年下の子のお世話を楽しんでしようとする。	●楽器に触れてリズムあそびを楽しむ。●自分なりの言葉で相手に気持ちを伝える。	●身近な材料を使い、工夫して作ることを楽しむ。●思いきり体を動かしたり、集中力を要する活動の後は、気持ちと体を休め、ゆったりと過ごしていけるようにする。	●気温に合った衣服調節ができるように留意し、個人のコップは清潔な状態にして準備する。●野菜の成長具合に応じて、適宜、収穫する。★汗の始末や水分補給の大切さを伝えていく。●子どもたちの発見や収穫の喜びに共感をかける。
■環境構成 ★援助・配慮	■歯磨きの大切さについて、絵本を活用する。★歯磨きの仕方や、生活に必要な習慣を身につけ、見通しをもって行動できるようにする。★年下の子への接し方について言葉がけし、意識をもちながら意欲的に行動していけるようにする。	■大太鼓は個人、グループ・全体を進めていく。★意欲、自信をもって臨めるよう、ほめたり励ましていく。★気づいたり、考えたりしたことを自由に発言できるようにする。	■身近な材料を多めに用意する。★ストレッチで体をほぐしたり、静かなあそびを用意したり、体を動かせるだけの十分なスペースを確保したりする。●必要に応じて素材を足しておく。	
教育・保育に対する自己評価	●野菜の成長や収穫を通して育てることの楽しさに気づき、喜ぶ姿が見られた。あそびの中で時間について身近に感じられるような話をしたら数えていたり、興味がもてるようになってきた。	●予定していた父の日のプレゼント作りは行わなかったが、雨の日やカタツムリなどの製作をすることができた。できたところを自由にほめ合う場で自信につながるようにし、そのことで笑顔が見られた。	●施設訪問での出し物の練習や音楽指導などの行事が続いていたが、子どもに負担をかけすぎることなく取り組むことができた。製作できたものを披露することで、あそびの幅が広がり、学びにつながっているようだった。	●子どもの健康状態に留意し、梅雨時期を過ごすことでゆったりと過ごす時間と活動に活発に活動する時間のメリハリをつけ、無理なく活動をすすめることができた。●初めての場所に緊張したり、興味をもったりしながら話を聞いていた消防署体験をしたり、学びにつなげることができた。

認定こども園○○○○園　月間指導計画案　5歳児7月

		園長	主任	担当

月初めの園児の姿
- ●木の実や水分補給を自分で行うようにする子もいる。
- ●プールが始まることに期待を高めている。
- ●感じたことを言葉や文字にして表現しようとする。

月のねらい
- ●季節を感じながら、健康で安全な生活の仕方を知る。
- ●夏ならではのあそびや行事に興味・関心をもつ。
- ●文字や数、色などに関心をもち、あそびに取り入れて楽しむ。

配慮すべき事項
- ●子どもたち自身が健康で安全な生活に必要な行動を考えるように、身につけていけるよう、機会をとらえて伝えていく。
- ●季節感を十分に味わいながら、体も心も解放されながら、あそびを楽しめるようにする。

幼児期の終わりまでに育ってほしい姿10項目
- ●健康な心と体
- ●自立心
- ●協同性
- ●道徳性・規範意識の芽生え
- ●社会生活との関わり
- ●思考力の芽生え
- ●自然との関わり・生命尊重
- ●数量や図形、標識や文字などへの関心・感覚
- ●言葉による伝え合い
- ●豊かな感性と表現

小学校との接続
- ●連携会議に参加する。
- ●情報交換をする。

子育ての支援
- ■夏にかかりやすい感染症の症状や予防法、対応などを生活に取り入れる。
- ・プール健康チェック表に、毎日記入してもらい、規則正しく健康的に過ごしてもらうようにする。

園行事および園事業
プール開き／異年齢活動／避難訓練／七夕会／交通訓練／運動あそび／夏祭り／保育の日／食育の日／育児講座／プラネタリウム鑑賞／誕生会

週別計画

週	1週	2週	3週	4週
週のねらい	●身近な環境に親しみ、自然と触れ合う中で様々な事象に興味や関心をもつ。●園の生活を楽しみ、自分の力で行動することの充実感を味わう。	●健康、安全に生活に必要な習慣や態度を身につけ、見通しをもって行動する。●身近な人と親しみ、関わりを深め、工夫したり、協力したりして一緒に活動する楽しさを味わい、愛情や信頼感をもつ。	●日常生活に必要な言葉がわかるようになると共に、絵本や物語などに親しみ、言葉に対する感覚を豊かにし、生活の中でイメージを豊かにし、様々な表現を楽しむ。	●身近な環境に自分から関わり、発見を楽しんだり、考えたり、それを生活に取り入れようとする。●人の言葉や話をよく聞き、伝え合うことを味わう。
教育時間	●七夕の行事や星に興味・関心をもつ。●友だちと一緒に夏のあそびを思いきり楽しむ。	●約束事を守りながら、プールあそびを楽しむ。●友だちとイメージを共有したり、工夫したりしながらあそびを楽しむ。	●感じたことを言葉にしたり、文字にしたりして伝えようとする。●色や形がもつイメージを自分なりに考えて作ったりを楽しむ。	●野菜の収穫を見学し、星への興味を広げる。●人の話を注意して聞き、相手にわかるように話す。
教育時間 ■環境構成 ★援助・配慮	■七夕の飾りを作るための様々な素材、材料を準備する。■プールあそびの手順や約束事がわかるよう、絵を掲示して伝える。★七夕の由来や笹飾りの意味を知らせながら、イメージを広げられるようにする。★七夕での大正琴の演奏は、聞いてもらうことであそびに取り組めるようにする。★七夕に関心をもったら、意欲的に取り組めるようにする。	■準備運動をしっかり行う。■プールあそびの道具を十分に用意する。★プールあそびでは、子どもの開放的な気持ちや天候を受け止めつつ、清潔・健康・安全に常に配慮し、声かけをしていく。★友だちと思いを伝え合いながら、一緒にあそびに取り組めるようにする。	■文字の書き順は、わかりやすく書いていく。■製作に必要な材料は、スムーズに取り組めるよう事前の準備も整えておく。★必要に応じて助言したり、手本を示したりして、自信につなげていけるように関わる。★イメージしたものの表現をする際にあそびに困っている子には、意欲的に取り組めるようアドバイスをする。	■熱中症について知り、進んで帽子を被ったり水分補給をしたりする。●給食の時間や、絵本に親しみ、文字を読むことを楽しむ。
教育時間を除いた時間	●友だちと一緒に季節の歌を歌ったり、曲に合わせて踊ったりする。●夏祭りを楽しむ。	●踊りや和太鼓に意欲的に取り組む。●夏祭りを楽しむ。	●盆踊りや和太鼓の曲目、体を動かして楽しむ。●夏ならではの表現あそびを楽しむ。	
教育時間を除いた時間 ■環境構成 ★援助・配慮	■季節の歌や盆踊りなどの曲を用意する。■図鑑は、見やすいところに置いておく。★親しみがもてるよう子どもたちと一緒に歌ったり、体を動かしたりして表現をあそび楽しさを共有していく。★盆踊りに必要な素材や材料を準備する。★子どもの発見を共感しながら、一緒に観察したり、そこにいくつも興味・関心をもったりできるようにする。	■盆踊りや和太鼓の曲目、練習時間以外でも交流するなどして、親しみがもてるような環境をつくる。★うら庭やに必要な素材や材料を準備する。●安心感をもって、活動を楽しみながら取り組んでいけるようにする。★夏祭りへの期待感が高まるように関わる。	■こまめに水分補給ができるように準備をしておく。★夏の生活の仕方について話し合い、健康について伝えておく。★成長に必要な道具を確認する。●一人ひとりの理解度を把握しながら、必要に応じて読み進め方を伝えていく。	■野菜の成長過程を再確認できるよう、写真や絵を貼っておく。●夏の生活の仕方について話し合い、健康について伝える。★成長に必要な道具を確認する。●一人ひとりの世話や日数がかかったこと、水やりなどの世話を交代でしたことを振り返り、食材の命の大切さを伝える。★あそびの中で、楽しみながらあそぶことを増やしていけるようにする。●子どもの気づきがあったときには、周囲にも知らせ、育てていく。
教育・保育に対する自己評価	●子どもが待ち遠しく待っていたプール開きができて一緒になって喜んだ。●親子で七夕会に参加し、日々の成果が出せるように声かけをした。	●夏祭りに向けて練習する回数を、楽しみにできるようにカウントダウンをすることで、互いに刺激し合って過ごせた。●プールに入れなくても水に慣れるようにシャワーをすることで、夏に向けての意識を高めることができた。	●野菜を収穫し、「からい」「にがい」「苦手」などと言う子がいたら「おいしいよ」と手本を見せることで、食べたいという意欲と、健康な心と体の意識につなげることができた。●子どもとのやりとりの中で、尋ねることを増やしたり、言葉のやりとりを取り入れたりすることで、想像力を高めることができた。	●行事も多かったが、プラネタリウムに行ったことでさらに星への興味をもち、手あそびなどで星を思い出しながら楽しみ保育教諭も一緒に楽しさを共感することができた。★あそびだいすきなものを自由にあそべる環境をつくり、意欲的にあそぶ姿が見られた。

子育ての支援（週別）
- ●身近な環境に自分から関わり、発見を楽しんだり、考えたりできるよう伝える。●それを生活に取り入れるようにする。●人の言葉や話をよく聞き、伝え合うことを味わえるようにする。
- ●プラネタリウムを見学し、星への興味を広げる。●人の話を注意して聞き、相手にわかるように話す。
- ●プラネタリウム見学に際し、施設内で泣いてしまわないよう、事前に確認する。●自分の考えを言葉で表現できる場を設ける。★プラネタリウム見学を絵に描いて話したり、見たことや感じたことを絵などに表現したりして関心を深めていけるようにする。●話を聞くことの大変さについて伝え、習慣づけていくようにする。
- ●野菜の収穫を喜び、進んで帽子を被ったり水分補給をしたりする。●色や形、数をあそびに取り入れて楽しむ。
- ●野菜の成長過程を再確認できるよう、写真や絵を貼っておく。●夏の生活の仕方について話し合い、健康について伝えておく。★成長に必要な道具を確認する。●一人ひとりの世話や日数がかかったこと、水やりなどの世話を交代でしたことを振り返り、食材の命の大切さを伝える。★あそびの中で、楽しみながらあそぶことを増やしていけるようにする。●子どもの気づきがあったときには、周囲にも知らせ、育てていく。

認定こども園○○○○園　月間指導計画案　5歳児8月

園長	主任	担当

月初めの園児の姿

- 夏の生活の仕方・プールあそびで行えるようになった。
- もって自分で行うなどの身支度や手順がわかり見通しをもって経験したことを基に、お絵描きや製作をして表現することを楽しんでいる。
- 人前に出ると、はっきり話せなくなる子もいる。
- 友だちとイメージを共有し、一緒に活動を進めていくことを楽しむ。

月のねらい

- 体を動かし、夏ならではのあそびを十分に楽しむ。
- 友だちと考えを出し合いながら、工夫したり協力したりして充実感をもつ。
- 自分の思ったことを、経験したことを相手にわかりやすく話をする。

配慮すべき事項

- 園児自身が自らの体調に気づき、着替えや水分補給をしたりできるようにしておく。
- 言葉が思うように出ないところでは、さりげなく援助したり、どうしたら相手に伝わるのか状況に応じて伝えたりしていく。

幼児期の終わりまでに育ってほしい姿10項目

- 健康な心と体
- 自立心
- 協同性
- 道徳性・規範意識の芽生え
- 社会生活との関わり
- 思考力の芽生え
- 自然との関わり・生命尊重
- 数量や図形、標識や文字などへの関心・感覚
- 言葉による伝え合い
- 豊かな感性と表現

小学校との接続

- 学校だよりや園だよりによって情報交換をする。

子育ての支援

- 家庭との連携をとりながら、夏の疲れが出ないよう生活リズムを整えることの大切さを伝える。
- 保護者参加の行事では、夏らしさを感じつつ、親子で楽しく触れ合って子育て準備を整えてもらえるよう準備を整えておく。
- 身近な環境に自分の経験したことや、発見を喜んだりする。
- 生活の中でイメージを豊かにし、様々な表現を楽しむ。
- 経験したことを身近に取り入れてあそぶ。
- 楽器でリズムを奏でることを楽しむ。
- マーチングで必要な大太鼓などの楽器を用意する。
- ★楽器を大切に扱うことに気づくことを知らせた上で、楽しく意欲的にあそべるようにする。
- ★一人ひとりの気づきや発見を大切にし、子どもたちが主体となってあそびを展開していけるよう援助する。
- 生活習慣を見直し、生活リズムを整える。
- 廃材などを使い、試したり工夫したりして作る。
- 物に親しみ、内容を想像しながら聞くことを楽しむ。
- 健康に過ごすための生活の仕方について確認する名場を設ける。
- はさみやテープの取り扱いには十分気をつけ、使いやすいように置いておく。
- ★一人ひとりの表現を認め、過ごし方などに関心がもてるようにしていく。
- ★読み聞かせは、内容を言葉でうまく伝えられないときには、じっくりと言葉を聞いてイメージを言い出し表現できるようにしていく。
- マーチングも時間を見つけて進めるので、気持ちを十分に込めて進めることができた。
- あそびの前に約束をすることで、守れない子どももいるので、伝え方を工夫していく必要がある。

行事および園事業

- 防犯訓練／夕涼み会
- 交通訓練／運動あそび
- 音楽指導／食育の日
- 避難訓練
- 誕生会／プール納め
- 育児講座／保健の日

週案

週	1週	2週	3週	4週
週のねらい	●身近な環境に親しみ、自然と触れ合う中で様々な事象に興味や関心をもつ。●感じたことや考えたことを自分なりに表現して楽しむ。	●自分の体を十分に動かし、進んで運動しようとする。●身近な人と親しみ、関わりを深め、協力したりして一緒に活動する楽しさを味わい、信頼感をもつ。	●人の言葉や話などをよく聞き、自分の経験したことや考えたことを話し、伝え合う喜びを味わう。●身近な環境に自分から関わり、発見を楽しんだり、考えたりし、それを生活に取り入れようとする。	●身近な環境に自分自身で関わり、発見を楽しんだり、考えたりする。それを生活に取り入れようとする。●生活の中でイメージを豊かにし、様々な表現を楽しむ。
教育時間	●水に触れて心地よさを感じながらあそぶことを楽しむ。●試したり工夫したりしながら作ることを楽しむ。	●自分なりの目標をもって、体を動かしてあそぶ。●夏らしさを感じながら、友だちや異年齢児と一緒にあそびを楽しむ。	●相手に伝わるように話をしてあそぶ。●水の特性に気づき、水あそびやプールあそびを楽しむ。	●人の言葉や話などをよく聞き、自分の経験したことを話し、伝え合う喜びを味わう。●身近な環境に自分から関わり、発見を楽しんだり、発見を喜んだりする。それを生活に取り入れようとする。
■環境構成 ★援助・配慮	■ダイナミックに水あそびができるよう、必要な用具をそろえる。■必要な材料や道具を子どもたちと一緒に考え、用意する。■水あそびの中で安全に取り組める姿を見つめ、友だち同士で声をかけ合い、安全に気をつけるようにする。★イメージしたものを再現できるよう、材料や用具の使い方について援助する。	■様々な動きに挑戦できるよう、一人ひとりのあそび方に気をつけ目標を起こしていく。■水あそびに必要なようすを試みる水鉄砲・ペットボトル・カップ絵などの具材を用意する。★自分なりの目標をもって挑戦する姿を見守る。うまくいかないとき（ところ）はアドバイスし、園児の心に寄り添っていく。★年下の友だちとも一緒に楽しめるように、見守り、必要に応じて援助する。	■水に入れたときの浮きや沈みなどに気づき、試すことができる素材、材料を用意する。★子どもの気づきや試みる姿に関わり、必要に応じて言葉をかけ、あそびの発展を援助するようにする。★知的好奇心を深められるときには、じっくりと言葉を聞いてイメージを言い出し表現できるようにしていく。	●相手に伝わるように話をしてあそぶ。●水の特性に気づき、水あそびやプールあそびを楽しむ。
教育時間を除いた時間	●夕涼み会を楽しむ。●水分をこまめにとるようにする。	●見たこと、イメージしたことを絵にして表現する。●進んであいさつをしようとする。	●ゆったりとした中で、友だちや異年齢児と一緒にあそび、思いやりの気持ちをもつ。●お盆について知り、関心をもつ。	●異年齢児との関わりがもてるように、あそび込めるような場を設定する。玩具を準備する。●異年齢児を意識しながらあそんでいる姿に気持ちを育てていく。●お盆を通して日本文化に触れ、過ごし方などに関心がもてるような話をする。
■環境構成 ★援助・配慮	●夕涼み会に備え、必要な道具や材料を確認し、十分にそろえておく。役割分担を流れに沿って確認していく。ムーズに進めていくよう配慮をする。●夕涼み会で子どもの期待が高まるような話をする。●こまめに水分補給することの大切さを伝えていく。	●イメージがわきにくいときには、消防車や救急車の絵本を示したり、救助などに関わることを描けるようにわかりやすく話していく。★空間認知の力が伸びるのびのびと描けるような声かけをする。★自ら進んで気持ちよくあいさつができるような言葉がけをしたり、保育教諭側から先にあいさつをする。	●異年齢児との関わりがもてるように、みんながあそび込めるような場を設定し、玩具を準備する。★異年齢児を意識しながらあそんでいる姿に気持ちを育てていく。★お盆を通して日本文化に触れ、過ごし方などに関心がもてるような話をする。	●健康に過ごすための生活の仕方について確認する名場を設ける。●はさみやテープの取り扱いには十分気をつけ、使いやすいように置いておく。★一人ひとりの表現を認め、過ごし方などに関心がもてるようにしていく。★読み聞かせは、内容を言葉でうまく伝えられないときには、じっくりと言葉を聞いてイメージを言い出し表現できるようにしていく。
教育・保育に対する自己評価	●夕涼み会の熱中症対策のため、室内あそびを利用したりできた。●プールあそびや、砂場の水あそびで、様々な水の使い方に触れたりすることで、自分で考えて水に関わるあそびが見られた。	●色々な水あそびをすることで、色々な体への感じ方を子どもに伝え、ひなびたりしたあそび○を○を想定するようにあそびやこつこつあそびを味わっていた。●熱中症にならないように過ごせるように、自分で考えてこまめに休憩を水分補給を予防が見られた。	●お盆明けで情緒が不安定な子もいて、気持ちを受け止めてあげたり落ち着けるようにあそべることで、落ち着くことができた。●折り紙の折り方を確認しながら自信をもって作ることで、自分ができることがわかり自信がもてたり、まわりのできない友だちを手伝うことで思いやりの気持ちが見えたりした。	●マーチングも時間を見つけて進めるので、気持ちを十分に込めて進めることができた。●あそびの前に約束をすることで、守れない子どももいるので、伝え方を工夫していく必要がある。

認定こども園○○○○園 月間指導計画 5歳児9月

	園長	主任	担当

月初めの園児の姿
- 体を動かしてあそぶことを楽しみ、友だちとも思いを伝え合いながら積極的にあそんでいる。
- 昆虫に興味を示し、見つけたり触れたりしてあそぶことを楽しんでいる。

月のねらい
- 運動会に向けて友だちと共通の目的をもって活動し、達成感や充実感を味わう。
- イメージを膨らませ、友だちと一緒に様々な表現をすることを楽しむ。
- 季節の変化に気づき、興味や関心をもち、身近な自然に親しむ。

配慮すべき事項	幼児期の終わりまでに育ってほしい姿10項目	小学校との接続	子育ての支援	主な行事および園事業
●友だちとこのことに取り組むことによって、人とのつながりや成長を深めていけるよう関わっていく。 ●園児自身の表現しようとする意欲を受け止め、様々な表現を楽しむことができるようにする。	●健康な心と体 ●自立心 ●協同性 ●道徳性・規範意識の芽生え ●社会生活との関わり ●思考力の芽生え ●自然との関わり・生命尊重 ●数量や図形、標識や文字などへの関心・感覚 ●言葉による伝え合い ●豊かな感性と表現	●学校だよりや園だよりによって情報交換をする。 ●運動会の案内を出す。	●運動会に向けて取り組んでいる様子や内容や親子を伝え、子どもたちの成長を喜び合う。 ●季節の変わり目であるため、気温の変化に応じて調節しやすい衣服を着せてもらう。	交通訓練 異年齢活動 避難訓練 運動あそび 伝承あそび 防犯会 音体研修 訓練 食育研修 生会 内科健診 第1回総練習 施設訪問 保健の日 第2回総練習

週	1週	2週	3週	4週
週のねらい	●明るく伸び伸びと行動し、充実感を味わう。 ●人の言葉や話をよく聞き、自分の経験したことや考えたことを話し、伝え合う喜びを味わう。	●身近な環境に親しみ、自然と触れ合う中で様々な事象に興味や関心をもつ。 ●生活の中でイメージを豊かにし、様々な表現を楽しむ。	●身近な人と親しみ、関わりを深め、工夫したり、協力したりして一緒に活動する楽しさを味わい、愛情や信頼感をもつ。 ●身近な事象を見たり、考えたりするなかで、物の性質や数量、文字などに対する感覚を豊かにする。	●自分の体を十分に動かし、進んで運動しようとする。 ●身近な環境に親しみ、自然と触れ合う中で様々な事象に興味や関心をもつ。
教育時間	●様々な運動に挑戦し、体を動かすことを楽しむ。 ●友だちと気持ちを伝え合い、身近な自然に親しむ。	●祖父母との触れ合いを楽しみながら、日本の習わしについても興味をもつ。 ●曲に合わせて演技することを楽しむ。	●自分の力を発揮したり、友だちと力を合わせる喜びを味わったりする。 ●運動会に向けて関心を合わせる喜び、数、順序・位置関係に関心をもつ。	●自分なりの目標をもって運動あそびに取り組む。 ●身近な秋の自然に触れながら、季節の変化に気づく。
■環境構成 ★援助・配慮	■走る・跳ぶ・くぐる・引っ張るなどの動きを通して、運動機能の発達を促すような用具や競技を考えていく。 ■お互いの思いや気持ちを伝え合ってあそびを進めていけるような雰囲気をつくっていく。 ★挑戦する気持ちを引き出せるような言葉かけをし、あきらめずに楽しみながら取り組めるようにする。 ★友だちの話を最後までしっかりと聞き、人の思いや気持ちについても考えられるよう伝え、仲立ちとなる。	■祖父母との触れ合いをもてるよう、伝承あそび合を設ける。 ■おまつり製作に必要な材料、道具をそろえておく。 ■マーチングに必要な道具、楽器を準備する。 ★秋の自然の移り変わりや伝統について話をし、体験することで関心を深めていけるようにする。 ★段階を踏んで関心を体験することで、難しいことにも楽しみながら取り組めるようにする。	■自分たちで準備をして活動を始められるよう、用具は取り出しやすいように置いておく。 ■技巧走や遊戯などで使用する用具を準備する。 ★自分で目標を決めて取り組んだり、友だちのしていることに刺激を受けて挑戦したりする姿を見守っていく。 ★日々の活動の中で、数や順位、位置関係などに興味・関心や感覚が養われるようにする。	■運動用具の配置や子ども同士の間隔のとり方に気をつける。 ■虫や草花を調べられるよう図鑑などを準備する。 ★自分が目標に向かって挑戦している姿を認めることで信頼につながるようにしていく。 ★雲や、草花の様子の変化など季節を感じられることができるよう言葉かけをし、園児の発見や気づき、感じたことなどを受け止め共感していく。
教育時間を除いた時間	●異年齢児の手本となりながら、一緒に活動することを楽しむ。 ●汗をかいたときは、着替えたシャワーで清潔にしていく。	●戸外の固定遊具で、異年齢児と一緒にあそぶ。 ●友だちと考えを出し合い、順番や作戦などを考えながら取り組むことがある。	●戸外の固定遊具に親しみ、興味をもって関わろうとする。 ●季節の変化を感じ、あそびに取り入れて楽しむ。	●食事の前には丁寧に手洗い、清潔にする。 ●自分の思いや体験したことを言葉で表す。
■環境構成 ★援助・配慮	■あそび込めるようなコーナーの環境を整える。 ■話し込んでいる内容を確認しておく。 ★異年齢の友だちと一緒に活動する中で、思いやりの気持ちをもって接していけるような声をかける。 ★園児同士が話し合っている内容に耳を傾け見守りながら、ときには一緒に解決方法を考え提案する。	■固定遊具の安全を確認する。 ■話した内容が視覚的にわかりやすくなるようホワイトボードなどを身近に置いておく。 ★苦手なものに挑戦している園児には、一緒にあそんでモデルとなり、取り組む姿を認めて励ます。 ★園児同士が話し合っている内容に耳を傾け見守りながら、ときには一緒に解決方法を考え提案する。	●見つけたものなどを自分たちで調べられるよう、絵本や図鑑を身近に用意する。 ●紙や鉛筆などであそびやすいように準備しておく。 ★子どもの気づきを大切にし、探求心を育んでいけるようにする。 ★文字への興味がうすい園児には耳を傾けながら、調べられるよう提案する。	●なぜか話に流されるのかを話し合い、その反応を見ながら、きれいな環境であることの大切さを声かけし、そばで見守る。 ★手洗いの大切さを知りつつ、進んで行えるよう声かける。 ★友だちの話にも積極的に参加しているあそぶ言葉の中で、言葉のやりとりが楽しめるようにする。
教育・保育に対する自己評価	●時間を見てシャワーをするなど、清潔かつ快適に過ごせるようなあそびへの取り入れた。 ●友だちに伝えることは、自分で治めることができたことを認め、ルールを守ろうとする姿が見られた。 ●着替えは必要に応じて進んでできるよう声かけしていく。	●秋の製作をするなど、練習のみでなく季節のみでなく季節を感じられるようなあそびへの取り入れをした。 ●できたことはほめ、意欲を高めるようにしたがら進めていった。1対1の関わりをもうすこしもうしていく必要を感じた。	●運動会の練習期間中でもあそびの時間を設けすぎて子どもの気持ちの切り替えができるようにした。 ●子どもの思ったことを自由に発言する機会をつくり、意欲が高まっているあそびに感じた。その質問に答えられていないこともあったりしっかり楽しんで答えているようにした。	●保護者との関わりを密にし、健康面や園での様子を伝え合った。 ●子どもができることを見守ったり、必要に応じて援助し、意欲をもって運動あそびに取り組む姿が見られた。

認定こども園○○○○園　月間指導計画案　5歳児10月

	園長	主任	担当

月初めの園児の姿
- ●走ったり、跳んだり、リズムに合わせてからだのひとつひとつを動かすことを楽しむ。運動会に向けて、意欲的に取り組もうとしている。
- ●友だちとの関わりを深め、一緒にあそびを進める楽しさを味わったり、観察したりしている。
- ●友だちと一緒に虫をつかまえたり、観察したりしている。

月のねらい
- ●友だちと気持ちを一つにし、目標をもって活動に取り組み、運動会に期待を膨らませる。
- ●秋の自然に興味・関心をもち、あそびに取り入れて楽しむ。

配慮すべき事項
- ●一人ひとりの健康状態を把握し、衛生・安全面にも留意していく。
- ●秋の行事や自然を楽しめるよう、保育や言葉がけを工夫していく。

幼児期の終わりまでに育ってほしい姿10項目
- ●健康な心と体
- ●自立心
- ●協同性
- ●道徳性・規範意識の芽生え
- ●社会生活との関わり
- ●思考力の芽生え
- ●自然との関わり・生命尊重
- ●数量や図形、標識や文字などへの関心・感覚
- ●言葉による伝え合い
- ●豊かな感性と表現

園行事および園事業
異年齢活動／大運動会／ゴミ分別活動／小学校秋祭りの交通訓練／食育鍛錬遠足／保育の日／鍛錬遠足／誕生会／防犯訓練／ハロウィン会

週のねらい

	1週	2週	3週	4週
週のねらい	●明るくのびのびと行動し、充実感を味わう。●人の話などをよく聞き、自分の経験したことや考えたことを話し伝える楽しさを味わう。	●身近な環境に親しみ、自然と触れ合う中で様々な事象に興味や関心をもつ。●身近な関わりの深さ、協力したりして一緒に活動する楽しさを味わい、信頼感をもつ。	●身近な環境に自分から関わり、発見を楽しんだり、考えたりし、それを生活に取り入れようとする。●感じたことや考えたことを自分なりに表現して楽しむ。	●身近な環境に自分から関わり、発見を楽しんだり、考えたりする。●感じたことや考えたことを自分なりに表現して楽しむ。

教育時間

1週	2週	3週	4週
●運動会の目的に向かい、意欲をもって運動会に参加する。●話をよく聞いて活動を大切にする。	●秋の自然に触れ、植物の変化や季節の移り変わりに気づき楽しむ。●小学校の秋祭りに参加し、異年齢児とのあそびを楽しむ。	●身近な物やことに興味・関心をもち、あそびに取り入れていく。●イメージを豊かにし、絵に描くことを楽しむ。	●身近な環境に自分から関わり、発見を楽しんだり、考えたりし、それを生活に取り入れようとする。●感じたことや考えたことを自分なりに表現して楽しむ。

■環境構成　★援助・配慮（教育時間）

1週	2週	3週	4週
■使用する道具は点検をし、安全に留意する。■友だちと共通の目標に向かって取り組む中で、子ども一人ひとりが目標を理解し、認め、達成感が味わえるよう、一人ひとりに気持ちを聞いて、気持ちを一つにして活動に参加する楽しさを一緒に感じられるようにする。★話を注意して聞くように声かけする。★友だちの姿から刺激を受けて、さらに意欲を高めていけるようにする。	■散歩では、様々な自然物に触れられることができるよう利用する。■秋祭りに参加する際は、小学校に親しみさをもって行こうとする気持ちを大切に、発見や驚きを伝えたり、疑問に思ったことを言ったりできるようにする。★身近な自然の変化に気づき驚きを伝え合う。★小学校でのあそびをみんなで体験し、雰囲気を知ると共に、交流を楽しめるようにする。	■絵本を通して話を聞いたり、実物に触れたりしていける様必要な物を用意しておく。■自由に表現できるよう、用具や素材を準備しておく。■落ち葉や木の実の形や大きさ、数などに関心をもつことで、あそびを広げていけるようにする。■絵本の内容で印象に残った場面をそれぞれ出し合い、イメージを広げ、感想画を描けるように個別に声をかけていく。	■縄跳びがあそべる場を楽しむ。■あそびの中で文字に親しむ。

教育時間外を除いた時間

1週	2週	3週	4週
●汗をかいたらタオルで拭いたり、着替えたりする。●相手のよいところに気づき、認め合おうとする。	●絵本や物語に親しみ、想像する楽しさを味わう。●異年齢児と一緒に、ルールのあるあそびを楽しむ。	●縄跳びがあそべる場を楽しむ。●あそびの中で文字に親しむ。	●虫探しや自然物を拾い集めることを楽しむ。●廃材を使った玩具作りを楽しむ。

■環境構成　★援助・配慮

1週	2週	3週	4週
■活動前後には水分がしっかり取れるよう、環境を整えておく。★季節の変わり目であることがわかるように話をしていく。★汗をかいた後の始末は、自分で気づいて行動していけるように声かけしていく。★友だちの姿から刺激を受けて、さらに意欲を高めていけるようにする。	■あそびに必要な道具を準備したり、ラインをひいたりする。★絵本の読み聞かせをし、物語に親しみ興味をもって聞き、想像する楽しさが味わえるようにする。★異年齢でのあそびが活発になっていく中で、ルールを説明しながらあそびをすすめめようとする姿を見守っていく。	■十分に体を動かせるようなスペースを確保する。■読みやすい絵本を用意する。★絵本をそれぞれあそんだ数を数えられるよう、正しく読んでいるか確認する。	●午前外あそびを取り入れ、生活リズムが整うようにする。子どもの様子を尋ねたりして子どもの様子を共有にしたりする。●小学校の秋祭りに参加し、小学校の様子やりや小学生と触れ合う機会を設けることで、就学への期待を高める。

教育・保育に対する自己評価

1週	2週	3週	4週
●戸外あそびを増やすことで、子どもたちものびのびとあそぶ姿があった。●コーナーあそびでは、いろいろな場所であそびたい、好きなあそびをたい子が目的の遊びをしながら、それぞれの目的を達成できるような配慮を見守ることができた。	●午睡もなくなり、生活リズムが安定してきたので、保護者と園での様子を尋ね合ったりして子どもの様子を共有にしたりした。●小学校の秋祭りに参加し、小学校の様子やり小学生と触れ合う機会を設けることで、就学への期待を高めることができた。	●小学校との連携から着を取り入れ、給食の摂り方が安定してきたので子どもの声かけを行った。●行事への参加では不安な様子が見られたので、見通しには絵本などで確認し、話し合ってイメージを膨らませられて取り組むことができた。	●ハロウィンや地区の運動会などの行事があり、子どもたちも楽しみにしていたので、一緒になって楽しむことができた。●行事への参加では不安な様子が見られないように進まないよう、安心して取り組むことができた。

小学校との接続

- ●学校だよりや園だよりによる情報交換をする。
- ●小学校の秋祭りに参加して、交流を図る。
- ●身近な環境に自分から関わり、発見を楽しんだり、考えたりし、それを生活に取り入れようとする。感じたことや考えたことを自分なりに表現して楽しむ。
- ●身近な物やことに興味・関心に取り組み、あそびに取り入れていく。イメージを豊かにし、絵に描くことを楽しむ。
- ●絵本を通して話を聞いたり、実物に触れたりしていけるよう必要な物を用意しておく。自由に表現できるよう、用具や素材を準備しておく。落ち葉や木の実の形や大きさ、数などに関心をもつことで、あそびを広げていけるようにする。絵本の内容で印象に残った場面をそれぞれ出し合い、イメージを広げ、感想画を描けるように個別に声をかけていく。
- ●縄跳びがあそべる場を楽しむ。あそびの中で文字に親しむ。
- ●十分に体を動かせるようなスペースを確保する。読みやすい絵本を用意する。絵本をそれぞれあそんだ数を数えられるよう、正しく読んでいるか確認する。
- ●小学校の連携から着を取り入れ、給食の摂り方が安定してきたので子どもの声かけを行った。絵の表現では、子どもの思うように進まないときには、絵本などで確認し、話し合ってイメージを膨らませられて取り組むことができた。

子育ての支援

- ●運動会を通じて、子どものひとつひとつに関わり、発見を楽しんだり、考えたりし、それを生活に取り組んれようとする。自分の体を動かし、友だちと一緒に運動しようとする。
- ●ハロウィン製作を通し、異文化への興味をもち親しむ。十分に体を動かし、友だちと一緒にあそぶ楽しさから鍛錬遠足を楽しむ。
- ●異文化に興味がもてるように、絵本や製作の見本などを用意しておく。安全面に気をつけて行けるよう、遠足の場所や経路を下見しておく。自分の表現したいイメージを形にしていけるよう、あそび方を広げていけるようにする。あそび方をアドバイスしたりする。自然を感じながらあそぶ楽しさをあそべるよう、交通ルールや公共の場でのマナーを事前に話し、安全に参加できるようにする。
- ●虫探しや自然物を拾い集めることを楽しむ。廃材を使った玩具作りを楽しむ。
- ●園外で拾った木の実などを持ち帰ることができるよう容器などを用意しておく。気づきを大切に、おもしろさや感動などを共有し言葉をかけていく。工夫しているいろいろな物や姿を作る姿を見守り、子どもの声に耳を傾ける言葉をかける。
- ●ハロウィンや地区の運動会などの行事があり、子どもたちも楽しみにしていたので、一緒になって楽しむことができた。行事への参加では不安な様子が見られないように進まないよう、安心して取り組むことができた。

認定こども園○○○園　月間指導計画案　5歳児11月

園長	主任	担当

上段（月のねらい等）

月初めの園児の姿	●自分たちでルールをつくってゲームを楽しんだりしている。 ●コーナーあそびで自由に廃品などを利用して物作りに取り組んでいる。 ●自然物や昆虫を見て、季節の移り変わりを感じる。
月のねらい	●友だちと話し合いながらイメージを共有し、あそびや製作で発揮させるよさを味わう。 ●あそびに必要な物やイメージを工夫して作ったり描いたりして楽しむ。 ●秋の自然に触れ、あそびの中に取り入れて楽しむ。
配慮すべき事項	●友だちと共通の目的に向かって、意欲的に取り組む満足感が味わえるよう環境を整えていく。 ●物作りに必要な、様々な素材を準備しておき、自由に取って製作に使えるようにしておく。
幼児期の終わりまでに育ってほしい姿10項目	●健康な心と体 ●自立心 ●協同性 ●道徳性・規範意識の芽生え ●社会生活との関わり ●思考力の芽生え ●自然との関わり・生命尊重 ●数量や図形、標識や文字などへの関心・感覚 ●言葉による伝え合い ●豊かな感性と表現
小学校との接続	●学校だよりや園だよりなどで情報交換をする。
子育ての支援	●就学時健診をきっかけに、一人ひとりの園児に合わせて必要な生活習慣や準備を保護者と確認し、就学に向かう意識を高めていく。 ●発表会に向け、取り組んでいる過程を経験していることを知らせていく。
園行事および園事業	防災訓練／交通訓練／芋掘り／異年齢活動／防火パレード／避難訓練／運動あそび／保健の日／防犯訓練／食育の日／お店屋さんごっこ／ランチ給食会／マラソン大会／誕生会／音楽指導

週案

週	1週	2週	3週	4週
週のねらい	●身近な環境に親しみ、自然と触れ合うことで様々な事象に興味や関心をもつ。 ●健康、安全な生活に必要な習慣や態度を身につけ、見通しをもって行動する。	●身近な人と親しみ、関わりを深め、工夫したり、協力したりして一緒に活動する楽しさを味わい、愛情や信頼感をもつ。 ●人の言葉や話をよく聞き、自分の経験したことや考えたことを話し、伝え合う喜びを味わう。	●自分の体を十分に動かし、進んで運動しようとする。 ●身近な人と親しみ、関わりを深め、協力したりして一緒に活動する楽しさを味わい、愛情や信頼感をもつ。	●季節の変化に気づき、関心をもつ。 ●曲に合わせて自分なりの表現を楽しむ。
教育時間	●植物の成長や収穫の喜びを味わう。 ●七五三の由来を知り、健康でいることに感謝の気持ちをもつ。	●友だちと一緒にルールのあるあそびを工夫しながら楽しむ。 ●自分の思っていることを相手に伝え、相手の思っていることに気づく。	●悔しさに負けず、進んで体を動かしてあそぶ。 ●友だちと協力してあそぶ役割を分担したりしながら、あそびを進める。	●季節の変化に気づき、関心をもつ。 ●曲に合わせて自分なりの表現を楽しむ。
■環境構成　★援助・配慮	■手掘りに必要な道具をそろえておく。 ■収穫や袋の製作に必要な材料を用意しておく。 ★千歳飴の喜びを共有し、大きさや数への関心をもてるようにする。 ★七五三の意味をわかりやすく説明し、楽しく製作に取り組めるようにする。	■友だちと一緒にあそべるようにグループ分けをする。 ★ルールは園児たちが工夫できるように見守るが、特定の園児だけで進めていくことがないようにする。 ★園児だけで解決できない場面では、必要に応じて話し合いに参加して助言する。	■思いっきり体を動かしてあそべるよう、時間と場所を設定する。 ■お店屋さんごっこに対してのイメージをもてるよう、店の色の不思議さや様々な接客をあそべるよう準備をする。 ★その都度約束事を確認し合い、友だちと協力してあそべるように配慮していく。	■体調を見ながら、散歩や戸外あそびで自然に触れ合える機会をもつ。 ■様々な表現を楽しめるよう遊具や用具を整える。 ★漆葉の色の不思議さや美しさに気づいて取り入れられるようにする。 ★表現あそびを大切にし、自己表現を楽しめるようにする。
教育時間を除いた時間	●身近な物の大きさに関心をもつ。 ●鉛筆や色鉛筆を使い、絵や文字を書いて楽しむ。	●お店屋さんごっこに必要な物を作って楽しむ。 ●鬼ごっこやドッジボールなどで体を動かしてあそぶ。	●自分たちで工夫してあそびを作って楽しむ。 ●季節の変化に気づき、あそびに取り入れようとする。	●イメージしたものを作ったり描いたりしてあそぶことを楽しむ。
■環境構成　★援助・配慮	■比較対照できるような素材を用意しておく。 ■自由にかくことができるようなノートや鉛筆などを用意する。 ★「一」より小さい、「一」より大きいという比較の言葉を使いながら、大きさへの関心を高めていくようにする。 ★自由に書いてあそぶ中で、楽しみながら文字の書き方も身につけていけるようにする。	■買い物をイメージしやすいように様々なお店が載っている絵本や写真などを用意しておく。 ■園児が引いたボールを用意し準備をする。 ★写真などを用いて売っている商品を具体的にイメージできるようにする。 ★友だち同士で話し合って進めているときは、必要に応じて相談にのり、見守っていく。	●子どもたちのあそびを、より展開できるよう新聞紙などを用意することで、喜んであそびに取り入れられるようにする。 ★ルールのあるあそびでも、はじめはルールを確認する声かけをしながら、楽しく取り組むようにする。	●廃材などは多めに用意し、いつでも使えるようにしておく。 ★一人ひとりの発想を大切に、十分に認めていくようにする。
教育・保育に対する自己評価	●七五三の製作では、決まったつくり方を自分たちで本を真似して取り組むこともあったが、見本をよく見て、畑を管理することで、畑の栽培の楽しさを一緒に感じたりすることもできたことがよかった。	●子ども同士のあそびを、自分たちで本などを真似して取り組むことで、興味のあるあそびのよさを互いに認め合うことで、ルールのあるあそびでも楽しく取り組むことができた。	●お店屋さんごっこのように売るためによいのかを子どもたちと考えたり、子どもと一緒に協力できるようにしていくことで、互いに楽しく取り組むことができた。	●発表会の練習を毎日のように行い、子どもたちが考えたり、互いに話し合うようにした。 ●子どもの集中力が切れたりするときは、興味のあるような声かけをするなど、様々な工夫を入れながら、落ち着いて行事に参加できるようにする。

認定こども園○○○○園　月間指導計画案　5歳児12月

	園長	主任	担当

月初めの園児の姿
- 発表会で発表する歌や合奏、踊りなどを友だちと楽しんでいる。
- 身近な社会の様子や人々の営みや、年末の行事に関心をもち、期待をしている。

月のねらい
- 共通の目標をもち、友だちと協力しながら活動することを楽しみ、達成感や満足感を味わう。
- イメージを膨らませながら、友だちと一緒に表現する楽しさを味わう。
- 冬の自然や年末年始の事象に興味・関心をもち、あそびや生活に取り入れて楽しむ。

配慮すべき事項
- 友だちと一緒に関わる活動をする中で、協力したり励まし合ったりして、共通の目標に向かい、取り組めるようにする。
- 年末年始に向けての子どもの様子や行事を取り入れた生活やあそびを充実させ、ゆったりと過ごせる環境を用意する。

幼児期の終わりまでに育ってほしい姿10項目
- 健康な心と体
- 自立心
- 協同性
- 道徳性・規範意識の芽生え
- 社会生活との関わり
- 思考力の芽生え
- 自然との関わり・生命尊重
- 数量や図形、標識や文字などへの関心・感覚
- 言葉による伝え合い
- 豊かな感性と表現

小学校との接続
- 学校だよりや園だよりによって情報交換をする。
- 就学前交流会

子育ての支援
- 感染症の予防のために手洗い・うがいの大切さを伝え、確認する。
- 発表会に向けての子どもたちの取り組みの様子を知らせていく。

園行事および園事業
交通訓練／異年齢活動／お遊戯会音楽発表会／保健の日／避難訓練／食育の日／施設訪問／クリスマス会／誕生会／学童交流会／ふれあい会／防犯訓練

	1週	2週	3週	4週

週のねらい
- **1週**：●日常生活に必要な言葉がわかるようになると共に、絵本や物語などに親しみ、言葉に対する感覚を豊かにし、保育教師や友だちとイメージを通わせ、様々な表現を楽しむ。●生活の中でイメージを豊かにし、様々な表現を楽しむ。
- **2週**：●身近な人と親しみ、関わりを深め、工夫したり協力したりして一緒に活動する楽しさを味わい、愛情や信頼感をもつ。●身近な環境に自分から関わり、発見を楽しんだり、考えたりし、それを生活に取り入れようとする。
- **3週**：●自分の体を十分に動かし、進んで運動しようとする。●身近な人と親しみ、関わりを深め、工夫したり協力したりして一緒に活動する楽しさを味わい、愛情や信頼感をもつ。
- **4週**：●身近な環境に自分から関わり、発見を楽しんだり、考えたりし、それを生活に取り入れようとする。●感じたことや考えたことを自分なりに表現して楽しむ。

教育時間
- **1週**：●劇あそびで、様々な言葉のやりとりを楽しむ。●イメージを膨らませ、表現する楽しさを味わう。
- **2週**：●発表会に向けて、友だちと共通の目標をもってやり遂げ、達成感や満足感を味わう。●冬の自然事象に関心をもち、調べたりあそびに取り入れたりする。
- **3週**：●ルールをつくったり、守ったりしながら全身を使い、様々な運動あそびを楽しむ。●施設訪問で、高齢者の方々と楽しく触れ合って過ごす。
- **4週**：●身近な環境に自分から関わり、発見を楽しんだり、関心をもって表現する。

■環境構成　★援助・配慮（教育時間）
- **1週**：■一人ひとりのセリフを紙に書いて渡しておく。●演目に合ったぬり絵やお絵かきなどのおもしろさを感じられるよう道具を用意する。★言葉の言い回しややりとりのおもしろさを感じられるよう話し合っていけるようにする。●総練習など、本番までの取り組みを確認し、見通しがもてるようにする。
- **2週**：■発表会本番までのスケジュールを確認しておく。●発表の場を用意する。★雪の結晶など、冬のおもしろさを感じられるようにする。●発表会では、自信をもって発表できるよう一人ひとりに声かけし、励ましながらのぞむ。★雪の結晶は、見た目がすべて違っても、形に一定の規則があることに気づけるように言葉かけをする。
- **3週**：●友だちと話し合ってルールのあるあそびを楽しめるよう、あそびの場を準備する。●披露する歌や製作に必要な材料、道具を用意する。★ルールを確認しながら、あそびを進めていく姿を見守り、より楽しさを共有してあそぶ楽しさを感じられるように進める。★緊張をほぐしながら、高齢者の方と楽しく触れ合って、いけるよう仲立ちをする。
- **4週**：●季節の歌を歌ったり、製作をしたりする。●クリスマスへの期待を高める。

教育時間を除いた時間
- **1週**：●ブロックを使い、イメージをもって作品を作る。●ぬり絵やお絵かきの色さを楽しみながら、鉛筆の正しい持ち方を確認する。
- **2週**：●全員そろって元気に発表会に参加できるように、風邪予防の方法を確認し、進んで行う。●他のクラスの友だちと演目を見せ合って楽しむ。
- **3週**：●手洗い・うがいの大切さを確認し、手順を確認するようにする。●全員そろって発表できるよう、励まし合ったり、高め合ったりする。★他のクラスの遊戯を側であそびながら見て、どりをもって発表会に臨めるようにする。
- **4週**：●正月についてのポスターを貼る、手順を確認する時間を設ける。●お正月あそびに必要な材料を用意する。★ツリーやリースを飾るなどして、雰囲気をつくる。★サンタクロースやプレゼントなど、歌詞も丁寧に伝えていく。

■環境構成　★援助・配慮（教育時間を除いた時間）
- **1週**：■ブロックができる広いスペースをつくる。●ひらがなの表、鉛筆、マーカーなどを用意する。★イメージを出し合いながら組み立てていけるよう、サポートする。★正しい持ち方を意識していけるよう、あそびの中でむりがなく伝えていく。
- **2週**：●発表会では日頃の成果が出るように緊張をほぐしつつ、みんなと一つになって喜びを味わえるよう声かけをする。●外あそびのとき、寒さを感じて動いた後に体を動かすことが気持ちよいと感じ、次第に意欲的に体を動かすことができるようにしていった。
- **3週**：●製作に必要な材料を多めに用意する。●ツリーやリースを飾るなどして、雰囲気を味わえるようにする。★あそびを通じて年末年始の行事や行事に関心がもてるように、コーナーの配慮を工夫する。★年末年始にまつわる食について関心を高めていけるようにする。★それぞれのおもちのルールやおもしろさを丁寧に伝え、子どもと向けて楽しんでいけるようにする。
- **4週**：●日本の伝統的な風習に関しては、その由来などを丁寧に伝える時間を設ける。●カレンダー作りに必要な材料、道具を用意する。★カレンダー作りを通して、社会に関心を向ける機会を設け、それぞれに期待をもって進んで参加していけるようにする。★干支について知り、興味・関心をもってのびのびと表現していけるようにする。●鏡餅やお年越しとは、おせち料理の意味を知り、関心をもつ。●カルタやすごろくなどのお正月あそびをしながら正月を楽しみに待つ。

教育・保育に対する自己評価
- 発表会の練習づけにならないこともせず、みんなと一つになる達成感を味わえるよう声かけをし、子どもと一緒に喜んだり、次第に意欲的に活動する姿につながっていった。
- 発表会では日頃の成果が出るように緊張をほぐし、笑顔が出るように配慮した。
- 外であそぶとき、寒さを感じて動いた後に体を動かすことが気持ちよいと感じ、次第に意欲的に体を動かすことができるようになった。
- 発表会の感想を話し合うことで、行事に取り組んだときの気持ちを言葉にすることができてきたので、今後もはち合いの言葉を取り入れていきたい。
- 子どもの好きなあそびなどを準備することで、満足いくあそびを楽しむことができた。
- 休む子が増えてきたので、感染症を気につつ、手洗い・うがいを丁寧に取り組むようにしていけた。うがいを丁寧に取り組むように伝えた。
- 一人ひとりのあそびをあそぶ言葉遣いや行動に気をつけて、見守ることで、安全にあそぶことができた。

1月 月間指導計画案

認定こども園○○○園　月間指導計画案　5歳児　1月

	園長	主任	担当

配慮すべき事項
- 休み明けは生活リズムが乱れたり、体調が崩れたりしがちになるので、個別に様子を見守る。
- 手洗い、うがいの習慣を改めて確認し、必要性を理解させた上で、自分から行えるようにする。

幼児期の終わりまでに育ってほしい姿10項目
- 健康な心と体
- 自立心
- 協同性
- 道徳性・規範意識の芽生え
- 社会生活との関わり
- 思考力の芽生え
- 自然との関わり・生命尊重
- 数量や図形、標識や文字などへの関心・感覚
- 言葉による伝え合い
- 豊かな感性と表現

小学校との接続
- 学校だよりや園だよりで情報交換をする。

子育ての支援
- 感染症の流行状況を保護者に知らせ、健康管理に留意してもらう。
- 早寝・早起きをして、朝ごはんをしっかり食べて登園してもらうようにお願いする。

行事および園事業
食育の日／交通安全訓練／異年齢活動／避難訓練／出初式／運動あそび／保育の日／施設訪問／育児講座／防犯訓練／誕生会

月初めの園児の姿
- 休み明けで疲れていたり、生活リズムが乱れたりしている子どもも見られる。
- 年末年始の出来事を友だちと楽しそうに話している。
- カルタやすごろくなどで楽しくあそんでいる。

月のねらい
- 年末年始の経験を友だちと伝え合ったり、正月あそびをしたりしながら、文字や数に関心をもつ。
- 就学に向けて、基本的な生活習慣を見直し、見通しをもった活動をする。
- 寒さに負けず、十分に体を動かして冬のあそびを楽しむ。

週	1週	2週	3週	4週
週のねらい	●自分の体を十分に動かし、進んで運動しようとする。●身近な人と親しみ、関わりを深め、協力したりして一緒に活動する楽しさを味わい、愛情や信頼感をもつ。	●寒さに負けず、友だちと関わりながらあそびを工夫してあそぶ。●友だちの思いを受け入れながら、あそびを進める。	●自分たちの目標に向けて友だちと相談しながら取り組む。●施設訪問で遊戯を披露したり、高齢者の方との触れ合いを楽しんだりする。	●身近な自然事象に気づき、あそびの中で試したり考えたりする。●節分の行事を理解し、自分なりに工夫して鬼の面を作ることを楽しむ。
教育時間	●身近な事象を見たり、考えたり、扱ったりする中で、物の性質や数量、文字などに対する感覚を豊かにする。●感じたことや考えたことを自分なりに表現して楽しむ。	●友だちとルールを決めながら、正月あそびを楽しむ。●様々な素材に親しみ、工夫してあそぶ。	●人の言葉や仕事などをよく聞き、自分の経験したことややまえたことを話し、伝え合う喜びを味わう。●身近な人と親しみ、関わりを深め、協力したりして一緒に活動する楽しさを味わい、愛情や信頼感をもつ。	●身近な環境に自分から関わり、発見を楽しんだり、考えたりし、それを生活に取り入れようとする。●生活の中でイメージを豊かにし、様々な表現を楽しむ。
■環境構成 ★援助・配慮	■カルタやすごろくなど友だちと楽しめるようなコーナーを設ける。■身近な物で様々な素材を用意する。★カルタやすごろくであそぶことで、文字や数への関心がもてるようにする。心がもてるようにする。身近に関われるような多様な体験をさせ、表現する意欲や創造力を育てるようにする。	■あそびに必要な遊具や用具を準備する。★あそびを進める上でトラブルになったときは、自分たちで解決しようとする様子を見守り、適切にアドバイスしていく。★友だちとアイデアを出し合い、教え合ったり協力し合ったりしてあそべるようにする。	■必要に応じて、話し合いの場や時間を設ける。■遊戯に必要な衣装、CDなどの用意をする。★一人ひとりの思いや考えが、仲間の中で互いに理解されるようにする。●触れ合いを楽しみつつ、振る舞い方や施設での過ごし方について気をつけることは伝えておくようにする。	■容器や毛糸などを用意する。■鬼の面作りに必要な材料を用意する。★子どもの発想や思いつきを受け止め、共感しながらどもの面作りでは、子どもの発想や工夫を認め、もって取り組めるように言葉かけしていく。
教育時間を除いた時間	●出初式へ向け、友だちと気持ちを一つにして取り組む。●七草がゆや鏡開きについて知る。	●伝統あるこまとしてのこまあそびを楽しむ。●生活の中で数や量に親しむ。	●身の回りの状況に合わせ、ゲームに参加し自分なりに楽しむ。●気温や体調の変化に気をつけて生活する。	●時間内に食べ終えられるように、合いながら食事を楽しむ。●トランプあそびを楽しみながら数に親しむ。
■環境構成 ★援助・配慮	■鏡やもちつき、ブランコ・ヘルメットを用意する。■実物の七草や鏡餅を用意する。★伝統的な風習を知り、興味をもって食べられるようにする。	■正月あそびがいつでも楽しめるようにあそび道具を用意しておく。■給食やおやつの時間を利用して、数や量に触れていく。★ルールや勝敗の決めかたなどを統一する必要性に気づく。違う大きさのコップにお茶や牛乳を入れると、同じ量でも違うように見えるという「量の保存性」に気づけるようにする。	●ゲームの道具やいすなどを準備する。★トラブルが起きたときは、自分たちで解決できるように見守り、解決できないときは一緒に考えたりするアドバイスをしたりしていく。	■ごちそうさままでの挨拶をする時間は、前もって知らせておく。■トランプを用意する。★友だち同士でも、お互い時間を意識して食べられるように言葉をかけていく。★数を数えたり、揃えたりしてあそぶ中で数の概念に親しんでいけるようにする。
教育・保育に対する自己評価	●食育について、七草を覚えたり、出初式に向けて練習を行うことができた。●正月あそびができるコーナーを作ることで、何度もあそびを楽しむことができていた。	●朝は寒いが、体操の前にあそぶ時間をつくることで、体を動かして温めることができ、喜んであそぶ姿が見られた。●できたところが分かるように印をつけることで、達成感や満足感がもてて意欲的に取り組む姿が見られた。	●いす取りゲームを楽しんだ。久しぶりとあって、1位を目指してがんばっていたが、悔し涙の子どもられた。勝ち負けのあるゲームを楽しんで取り組んでいきたい。	●計画の変更による活動日の入れ替えがあったが、子どもは意欲的に取り組むことができた。●いろいろな材料を用意することで、どのように作ろうかと迷うあまり、見ていられる。

認定こども園○○○園　月間指導計画案　5歳児2月

		園長	主任	担当

月初めの園児の姿	配慮すべき事項	幼児期の終わりまでに育ってほしい姿10項目	小学校との接続	子育ての支援	園行事および園事業
●トランプやコマ、カルタなど、保育教諭や友だちと一緒に作って楽しんでいる。 ●節分の由来を知り、鬼の面や豆入れを作っている。 ●友だちと協力し合ったり、話し合ったりしながら活動に取り組んでいる。	●伝統文化の由来について知らせ、興味・関心をもたせることと共に、行事に楽しく参加できるよう環境をつくる。 ●自分の力を十分に発揮したり友だちと協力したりして、あそびや活動を進められるようにする。	●健康な心と体 ●自立心 ●協同性 ●道徳性・規範意識の芽生え ●社会生活との関わり ●思考力の芽生え ●自然との関わり・生命尊重 ●数量や図形、標識や文字などへの関心・感覚 ●言葉による伝え合い ●豊かな感性と表現	●学校との連絡会で情報交換をする。 ●進学する学校の体験入学に参加する。	●一人ひとりの生活や育ちを含め、身につけておきたいことや就学に向けた準備を伝えていく。 ●家庭でも、風邪、病気の予防のための習慣（手洗い、うがい）をこまめに行うよう助言する。	豆まき会／交通安全指導訓練／異年齢活動・避難訓練／育児講座／運動あそび／食育の日／誕生会／卒園旅行／保健の日

月のねらい
●日本古来の伝統行事のもつ意味を知り、関心を深める。
●就学への自覚や自信をもち、見通しをもって意欲的に活動する。

週	1週	2週	3週	4週
週のねらい	●身近な環境に自分から関わり、発見を楽しんだり、考えたり、それを生活に取り入れようとする。 ●社会生活における望ましい習慣や態度を身につける。	●人の言葉や話などをよく聞き、自分の経験したことや考えたことを話し、伝え合う喜びを味わう。 ●園の生活を楽しみ、自分の力で行動することの充実感を味わう。	●生活の中でイメージを豊かにし、様々な表現を楽しむ。 ●身近な人と親しみ、関わりを深め、工夫したり、協力したりして一緒に活動する楽しさを味わい、愛情や信頼感をもつ。	●明るくのびのびと行動し、充実感を味わう。 ●身近な環境に自分から関わり、発見を楽しんだり、考えたりし、それを生活に取り入れようとする。
教育時間	●身近な環境に自分から関わり、発見を楽しんだり、考えたり、それを生活に取り入れようとする。 ●社会生活における望ましい習慣や態度を身につける。	●相手に伝わるように話をしようとする。 ●見通しをもって行動しようとする。	●ひな人形のイメージを膨らませながら、ひな人形製作を楽しむ。 ●友だちと親子で卒園旅行に参加し、楽しい思い出をつくる。	●小学校を見学するなどして、就学への期待を高める。 ●ひな祭りについて知り、伝統を味わう。
■環境構成　★援助・配慮	●自分たちで作った鬼の面と豆入れを用意する。 ■ルールのあるあそびが思いきりできるよう、園庭の、節分の状態を確認する。 ★自分の心の中の鬼を意識して豆まきを楽しみ、節分への興味や関心が高まるようにする。 ★友だちや保育教諭と仲間の一員となり、駆け引きなどをしながら一緒にあそぶことを楽しめるようにする。	●時間にゆとりをもって話を聞く。 ■1日の流れや次にすることをあらかじめ伝えておく。 ★話したいことを整理して、相手に伝わるような話し方ができるようにする。 ★時間を意識して行動していけるよう声かけしていく。	●ひな人形製作に必要な材料を用意しておく。 ■卒園旅行のしおりを作成し、スケジュールや持ち物などをよく確認しておく。 ●おひなさまを見て、着物の柄や美しさを感じて製作に取り組めるようにする。 ★小学校の様子を見学することで、小学校へのイメージが膨らみ、期待をもてるようにする。 ★公共の場でのマナーや約束をしっかりと伝えていくようにする。	●小学校を見学するなどして、就学への期待を高める。 ●ひな祭りについて知り、伝統を味わう。
教育時間を除いた時間	●自分なりの目標をもち、縄跳びに挑戦する。 ●時計を見て行動しようとする。	●ペンや鉛筆などを使って絵や文字をかいて楽しむ。 ●テーマを決め、粘土あそびを楽しむ。	●折り紙を使って自由な製作を楽しむ。 ●安全に必要なことを知り、気をつけて行動しようとする。	●歌詞の意味を理解し、気持ちを込めて歌おうとする。 ●就学に向けて話題などで、友だちや保育教諭との会話を楽しむ。
■環境構成　★援助・配慮	●縄跳び各種を用意しておく。 ■1日の流れを時間と共に示しておく。 ★目標を決めたり、挑戦したりしていけるようにする。 ★時計と合わせて時間を意識できるようにする。	●ペンや鉛筆、紙を用意する。 ●粘土や粘土板、粘土べらを用意する。 ★やりたい気持ちを尊重し、満足するまで取り組めるようにする。 ★粘土で自由に表現したり、友だちの作品を認めあったりできるようにする。	●折り紙テーマにはさみなどを用意する。 ■事前に約束事を設ける。 ★友だちと一緒に工夫したり、自分の力でやり遂げる喜びを味わったりしながらはさみを丁寧に扱えるようにする。 ★危険なあそび方や場所について保育教諭と一緒に話し合い、安全にあそべるようにする。	●歌詞カードを用意し、意味について伝える。 ●ゆったりした気持ちを聞ける時間を設ける。 ★歌詞の意味を伝えながら、はっきりとて丁寧に歌えるよう声かけをする。 ★不安な気持ちを受け止めながら、就学への期待を高めていけるような話をする。
教育・保育に対する自己評価	●豆まきは各クラスで行うことになっており、鬼の登場ももない子だったが、協力し合い急に登場することで子どもたちの気持ちを高めることができた。 ●豆まきの由来について伝えることで、友だちと力を合わせてあそんだり、子どもの応答も活発になり、理解が深まっているようだった。	●使えなくなった紙の切れ端やラミネートのあまりに、子どもたちで考えてお絵かきや製作をしている姿を見て、発想を十分に生かせるためのあそびの環境を見守ることができた。 ●子どもの思い込みとなっていまい外あそびができないこともあったので、時間に余裕をもって作ることができた。	●文集作りの追い込みとなってしまい外あそびができないこともあったので、時間に余裕をもってつくり、体を動かすことができた。 ●子どもの問いかけをすることで、変化や発展が分かるようになったり、子ども同士の関わりの深まりが見られた。	●ひな飾りを自分たちでつくってイメージして最後まで作ることができるような工夫をこらし、アドバイスをすることができた。 ●声かけに「これはどう？」など押しつけにつなげず伝えるようにした。

認定こども園○○○園　月間指導計画案　5歳児3月

	園長	主任	担任

配慮すべき事項	幼児期の終わりまでに育ってほしい姿10項目	小学校との接続	子育ての支援	行事および園行事
●就学に向けた環境に戸惑いを感じている園児には、安心できるような配慮をする。 ●身の回りの始末やこれまで行ってきたことを改めて確認し、自立した生活習慣が身に付くようにする。	●健康な心と体 ●自立心 ●協同性 ●道徳性・規範意識の芽生え ●社会生活との関わり ●思考力の芽生え ●自然との関わり・生命尊重 ●数量や図形、標識や文字などへの関心・感覚 ●言葉による伝え合い ●豊かな感性と表現	●学校だよりや園だよりでの情報交換をする。 ●卒園式や卒業式で交流をもつ。 ●園児指導要録を送付する。	●お別れ料理教室への参加で保護者に呼びかける。 ●就学に向けて規則正しい生活を送る大切さを伝え、基本的な生活習慣の見直しを親子でできるようにする。	ひな祭りの会／交通訓練／防犯訓練／異年齢活動・避難訓練／お別れ遠足／保健の日／お別れ料理教室／食育の日／卒園式／誕生会

月初めの園児の姿
●小学校の話題が増え、就学への期待が膨らんでいく。
●日差しや春の暖かさ、草木の芽吹きなど、季節の変化に気づく。
●友だちと思いやりをもち考えを出し合い、互いを認め、いろいろなあそびを楽しむ。

月のねらい
●就学への期待を喜び、自覚、自信をもって積極的に行動する。
●身近な自然の変化や季節の行事に関心をもつ。
●思いやりや考えを相手にわかるように伝え、互いに気持ちを共有しあう。

週別

	1週	2週	3週	4週
週のねらい	●感じたことや考えたことを自分なりに表現して楽しむ。 ●身近な人と親しみ、関わりを深め、工夫したり、協力したりして一緒に活動する楽しさを味わい、信頼感をもつ。	●健康、安全な生活に必要な習慣や態度を身につけ、見通しをもって行動する。 ●身近な環境に親しみ、自然と触れ合うつうで様々な事象に興味や関心をもつ。	●明るくのびのびと行動し、充実感を味わう。 ●自分の気持ちを言葉で表現する楽しさを味わう。	●健康、安全な生活に必要な習慣や態度を身につけ、見通しをもって行動する。 ●園生活を楽しみ、自分の力で行動することの充実感を味わう。
教育時間	●感謝の気持ちを込めて、プレゼント作りを行う。 ●お別れ遠足で異年齢児と親しむ。	●お別れ料理教室で、親子でのクッキングを楽しむ。 ●身近な自然の変化に気づき、春の訪れを感じる。	●卒園式に出席し、喜びや達成感を味わう。 ●感謝の気持ちや小学校でがんばりたいことを言葉で表現する。	●身の回りの整理や掃除を通して、感謝の気持ちや就学への期待をもつ。 ●友だちとのつながりを感じながら、親しんできたあそびや言葉を楽しむ。
■環境構成 ★援助・配慮	■プレゼント作りに必要な材料を用意する。 ■異年齢児との交流が図れる場を準備する。 ★自信をもって表現できるよう、よいところは認めていく。 ★異年齢児と進んで関わり、交流を深められるようにする。	■クッキングの内容についてお知らせをしておく。 ■花壇の花を見に行くなど環境を整える。 ★親子間での触れ合いを楽しみながら、楽しい思い出を残していけるようにする。 ★季節の変化を五感で感じていけるような言葉をかけていく。	■卒園式に向けて記念の製作をするよう促す。 ■自信をもって表現できるようにほめていく。 ★卒園式特有の雰囲気を肌で感じ、卒園する喜びを味わっていけるようにする。 ★園生活を振り返り、思い出を話したりする中で、感謝の気持ちがもてるような関わりをする。	■掃除をするためのバケツや雑巾を用意する。 ■1年間楽しんできたあそびを十分にできるよう、時間に余裕をもたせる。 ★次に使用する人たちのことについても話し合い、心を込めて部屋を掃除する。 ★残り少ない園生活で、いろんな場所であそんだり過ごしたりして楽しい思い出を共有していく。
教育時間を除いた時間	●縄跳びを楽しむ。 ●歌詞の意味を理解し、心を込めて歌う。	●言葉ゲームを楽しむ。 ●卒園式の練習に参加し、卒園への自覚を高める。	●身の回りをきれいに整える。 ●季節の移り変わりを感じ、動植物に親しむ。	●友だちや異年齢児と一緒にあそびを楽しむ。
■環境構成 ★援助・配慮	■縄跳びを用意し、十分に楽しめるような広いスペースを設ける。 ■歌詞を紙に書いて貼っておく。 ★友だちと工夫しながらくり返しあそぶ姿を認め、楽しさを十分に味わえるようにする。 ★心を込めて歌うことで、相手に気持ちが伝わることを知らせていく。	■落ち着いた状況を整えてからあそぶ。 ■立ち位置などは、目印をつけてわかりやすくしておく。 ★ゲームを通して、言葉を楽しみながら身近に覚えていけるようにする。 ★意欲的に取り組む姿を認め、励ましつつ、緊張感も共有できるようにする。	■片づけがきちんとできているか確認していく。 ★自分から気づいて、物の片づけを身につけられるようにする。 ★園庭や散歩先で季節の移りゆく変わりを感じられるようにする。	■園で過ごす残り少ない日々を、友だちや異年齢児と十分に関わりながら過ごせるように場を整える。 ★好きなあそびを思う存分楽しみ、思い出を深めていけるようにする。
教育・保育に対する自己評価	●卒園式の練習も、伝えるとすぐに理解して取り組んでくれていた。 ●くり返し練習することで本番の緊張感にも負けず、しっかり取り組むことができてよかった。	●感染症の影響で行事が減る傾向にあったが、お別れ会はできて互いによい思い出となり、話が弾んでてよかった。 ●保育教諭が「○○ったね」「～すること楽しかった?」と思い出を振り返ることで、一年間を思い出して笑顔になったりしている姿が見られた。	●外であそぶことを増やしやし、砂あそびが好きでこの日も自由にあそそんでいるが、暑い中、水を使ったりしていての風邪はひかないように水は使わないように伝えた。しかし、水を使っていくことであそびの幅を広げるのも大切だと反省した。	●子どもの活動には、困っていることは答えを示すこともあるが、おおは自ら考えてほしいこともある? どこまで一緒に考え、子ども自身が判断できるようにした。

保育ドキュメンテーションの作成

カリキュラム・マネジメントにおける
保育ドキュメンテーションの活用

カリキュラム・マネジメントとは「カリキュラム（課程）・マネジメント（管理）」と単純に和訳することができ、「幼児教育において育みたい資質・能力」や「幼児期の終わりまでに育ってほしい姿」など小学校以上の学びを想定しつつ、教育目標やねらい、教育課程や各種指導計画（カリキュラム）の立案や実施、改善を行う（マネジメント）ことであると言えます。

本書では、このカリキュラム・マネジメントをより効果的に実行するために、保育ドキュメンテーションを活用し、ドキュメンテーション作成モデルにPDCAサイクルを取り入れ、保育をPlan（計画）→Do（実行）→Check（評価）→Act（改善）する継続的な流れをつくることにしました。そうすることで小学校就学までに育みたい子どもたちの姿を常に意識することができ、より実態に即した柔軟できめ細かなマネジメント対応が可能になります。また、教育課程や各種指導計画を改善に導き、保育の質の向上が大いに期待できるものと考えています。

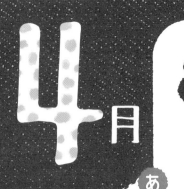

みちくさウォッチング

あそびプロジェクト

今月は子どもたちと一緒に【春探し】に出かけましょう。手作りの地図と図鑑を持って、身近な植物を探しに行きます。グループに分かれて行動し、子どもたちが協力し合い、思いや考えを伝え合うような関わりができるようにしましょう。子どもたちの【発見】と【観察する力】を引き出しながら、自然との触れ合いや自ら関わっていく姿を大事にしましょう。

1　お散歩コースを決めよう

まずは、子どもたちの中にすでに経験して潜在しているものを探り、散歩の「ねらい」を立てましょう。そして、子どもたちがもっている春のイメージや経験・認識を引き出し、テーマである「春の植物」について考えるきっかけをつくります。また、グループをつくって話し合ったり、採取した草花などの入れ物を協力して作ります。

予想される子どもの散歩コースは、事前の安全チェックが重要になります。植物の種類や咲いている場所などを下見しておきましょう。また、子どもたちが持って行く図鑑に、散歩コースの草花や虫が載っているかも調べておきましょう。

お散歩5つ道具

その1：地図
その2：図鑑
その3：採取したものの
　　　　入れ物
その4：虫眼鏡
その5：カメラ

地図　図鑑　入れ物
ポケット植物
MILK
虫眼鏡　カメラ

2　みちくさウォッチングに出発!!

子どもたちの活動の様子や発見した草花・虫などは、写真に撮っておきます。活動の様子は掲示板などで保護者にも伝えておくと、共通の話題で親子の会話が増えるかも。草花や虫の写真は後の活動でお散歩地図に貼りつけるのに使います。
においや感触など子どもの気づきに共感し、観察したい意欲を引き出せるようにしましょう。

どんなところに育っているのかな？

・日当りのよい場所。日陰に咲いているものと比べるとよくわかるよ。
・風の当たらない場所。強い風が当たる所では成長が遅いよ。

↓

子どもたちと考えながら探すとよいですね。日陰では茎が細かったり、葉が小さかったりします。いろいろな場所を探して比べてみよう。

3 じっくり観察してみよう

グループで採取した草花の色や形・大きさなど、気づいたことをみんなで話し合いながら特徴をつかみ、絵を描きます。虫眼鏡で細かな部分を観察したり、図鑑で名前を調べたりするのもよいですね。

「たんぽぽの花はこうなっているんだね」

採取した草花は小さなビンに生けて棚の上に！
部屋にも春を取り込みます。

4 みちくさマップが完成

写真に撮った草花はプリントし、散歩コースの地図に貼りつけていきましょう。どこにどんな草花が生えていたのか、みんなの記憶をたどり、地図を完成させていきます。

保育のねらい　身近な春の草花を知り、観察する。

	活動内容	用意するもの・環境設定	望まれる子どもの姿	指導上の留意点
4/10		○散歩コースの白地図	○知っている草花の名前を言ったり、春のイメージを出し合ったりする。 ○植物図鑑で見つけたい草花や知っているものを見て、身近に感じる。	○身近な自然に関わる機会を意図的にもち、関心がもてるようにする。 ○グループで活動する中で友だちと話し合ったり、協力したりしながら関わりがもてるようにする。
	○採取したものを入れる入れ物を作る。	○牛乳パックなど	○友だちと協力しながら入れ物を作る。	
4/12 保育ドキュメント	○散歩に行き、草花を見つける。 ○友だちに教えたり、図鑑と見比べたりする。 ○入れ物に入れて持ち帰る。	○散歩コースの白地図 ○図鑑 ○手作りの入れ物 ○虫眼鏡 ○カメラ	○交通ルールを守り、コースに沿って草花の観察をする。 ○グループで役割を決め、協力しながら目的を遂げる。 ○草花の違いやにおいなどを言い合う。 ○草花であそぶ。 ○草花を選び、採取する。	○園外では特に安全面への配慮を十分に行う。 ○子どもたちの気づきや喜び、協力し合う態度を見逃さないようにする。 ○虫眼鏡で太陽を見ないように十分注意する。
	○草花は水に入れて飾る。	○小瓶(花器) ○はさみ ○コースターなど花器の下に敷くもの	○しおれかけた草花を早く水に入れたいと思う。 ○どの草花を一緒に生けようかと考え、選ぶ。 ○花器のサイズに合うように生ける。	○草花を生活の中に取り入れ、環境を豊かにしていく姿や生き物を慈しむ心を素直に受け止める。
4/15	○草花をじっくり観察する。 ○図鑑で調べる。 ○草花の絵を描く。	○採取した草花(保育者が新鮮なものを準備) ○虫眼鏡 ○画用紙 ○色鉛筆やクレヨンなど ○図鑑	○草花の色や形、大きさなどをよく観察して描く。 ○いろいろな気づきを言葉で表す。 ○採取したときのことなどを思い出し、話す。	○観察して気づいたことには「すごいね」「よく気がついたね」と声をかける。 ○観察力が形になって表現されるので、時間をかけて最後まで描けた達成感を得られるようにする。
4/17	○散歩コースを振り返りながら、地図を仕上げる。	○散歩で撮った写真 ○散歩コースの白地図 ○色鉛筆やクレヨン ○のり　○はさみ	○グループで地図を完成させる。 ○どこに何が咲いていたか友だちと話し合う。 ○白地図に写真を切り貼りしたり、絵を描いたりする。	○活動の振り返りを大切にして、グループで協力して仕上げる。 ○達成感を得られるようにする。

みちくさウォッチング

| 5歳児クラス | 16名 |
| 保育者 | 2名 |

記入のPoint
現場で保育をした先生が書き込みます。子どもの声や反応を中心に、自分がした保育の記録を記入しましょう。

 **保育の記録**

記入のPoint
園長先生や主任先生など管理する人が書き込みます。良かった保育は十分に評価し、改善が必要な場合は、具体的な方法などを記入しましょう。

アドバイス

10:00

みちくさウォッチングに出発！
グループごとに地図や図鑑などを持って、園を出た。早速、道路の端に草花を発見し、数名がしゃがみこむ。それを見たAさんが「車の道路は危ないよ」と知らせる。出発前の約束を思い出し、車の通る道ではしゃがまずに見るだけにしようということになった。するとBさんが「交通安全教室で教えてもらったよね」と近くの友だちに話していた。

出発前に約束をしていたのに、こういうことはよくありますね。でも、子どもたちの中からみんなで守ろうという意識が生まれてきました。保育者が一歩引いて、子どもたちの解決を信じたのですね。どこまで介入するか、任せるかの範囲をしっかりともっておくことは大切ですね。

10:20

土のあるところでは、いろいろな種類の草花を発見した。「これ、うちにもある」「駐車場に生えてたよ」「これ○○だよ」などと知っていることを話していた。隅や畑のほうまで行って探していた。

探すことに慣れてきたら、少し長く観察できるようにしましょう。同じ草花でも生えている場所によって形状が違うことに気づけるようなヒントを出してあげると、子どもたちの好奇心がわきますよ。

10:50

草花の観察を始めると、そこに来た虫たちにも興味がわき、「虫さんも花の蜜を吸いにきたのかな？」と虫眼鏡であちこち移動して他のものに目が移っていった。一つの物をじっくり観察するというより、何でもかんでも虫眼鏡を当てている子どもたちが増えてきた。

一つの物に飽きてしまい、目移りしてしまいましたね。子どもは目移りしながら、いろいろな物へ関心を広げていきます。虫眼鏡は最初から与えるのではなく、何か関心のある物を見つけた子に後から渡してあげると、より細かく見ることができます。

11:20

いろいろな種類の草花を採取し、「こっちのはギザギザだね」「この色は一緒だね」などと花や葉っぱの形状や感触・においの違いなどに気づいて、同じものをたくさん集めていた。

よく知るために、よく見て、よく触って、その違いを発見していきます。「これはチクチクするね、でもこれはつるつるしてるよ」「この葉っぱはギザギザ、こっちはまんまるだね」などと違いを楽しめたり、「花びらの数はいくつかな？」と促し、分類できるように並べたり、比べてみるのもよいですね。

→ ドキュメンテーション Part2に掲載

20XX年

4月

みちくさウォッチング

暖かくなると「待ってました」とばかりに生き物たちの命の芽吹きを感じます。暖かい陽ざしに包まれて子どもたちも「春」を体で感じているようです。そこで園庭を飛び出し、散歩しながら身近な草花を観察しました。グループごとに何も書いていない地図にたくさんの発見を加えて、オリジナルのみちくさマップを作りました。

Part 1 どんな草花が咲いているかな？

4月10日

春の草花図鑑を見ながら、知っている草花を話したり、コースをみんなで考えたりしました。採取した草花を入れる入れ物もグループで協力して作りました。

紙芝居を見て、春の自然の下調べ。

自分たちで採取したものを入れる入れ物を作ったよ。

Part 2 みちくさウォッチングに出発！

4月12日

何も書いていない地図と、図鑑・虫眼鏡・採取用の入れ物を持って出かけました。子どもたちは目を輝かせて普段何気なく通り過ぎる道端にも足を止め、雑草（？）を真剣なまなざしで観察しました。

「小さな黄色いお花が咲いているね！」

「これと同じだね！」と、図鑑と見比べたりもしました。

Part 3 みちくさの絵を描こう

4月15日

採取したみちくさを細部までよく観察し、見た通りに描いてみることにしました。詳しく観察しただけあって、それぞれ特徴をよくとらえていました。虫眼鏡で雄しべや雌しべなどを発見！　小さな学者さんです。

「カサカサ、小さな音が聞こえるね！」と、見るだけでなく音も聞いてみたよ。

じっくり観察しながら、絵を描きました。

Part 4 みちくさマップを完成させました

4月17日

出かける前は真っ白だった地図は、子どもたちが見つけた草花や虫たちでいっぱいになりました。

「ここには何があったかな？」と、友だち同士で話し合いながら地図を作っています。

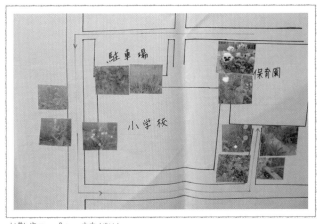

お散歩マップのできあがり！

子どもの成長・発達

4月のあそびプロジェクトは「身近な春の草花を知り、観察する」ことをねらいとしました。大人は何気なく通り過ぎている道端の草ですが、子どもにとっては「おもしろい！」。じっくり観察する機会を設け、五感を使ってたくさんの発見をしていきます。自然を知るということは、自然のために何ができるかを考える糸口になります。自分も含めた全てのものに生命があることを知り、生命の大切さに気づき、優しい心が育っていきます。家の周りにもたくさん生えている草花をお子さんと一緒に見に行ってはいかがでしょう。きっと新しい発見が待っています。

4月のあそびプロジェクトで主に育まれる幼児期の終わりまでに育ってほしい姿

○協同性
○思考力の芽生え
○自然との関わり・生命尊重
○言葉による伝え合い
○豊かな感性と表現

5月

あそびプロジェクト

かぶと取りゲーム

端午の節句にちなんで「かぶと取りゲーム」をしてあそびます。あそびを通して子どもたちは成長していきます。楽しいゲームであそびながら、クラスやグループにはどんな友だちがいるか意識し、仲間としての結束を固めましょう。

1 かぶとって何かな?

プロジェクトの導入として、端午の節句にまつわる絵本や紙芝居を読みましょう。なぜ端午の節句を祝うのか? こいのぼりやかぶとを飾るのはどうしてか? など、子どもの理解を深めましょう。

5月5日の端午の節句はもともと男の子の成長をお祝いする行事でした。今はこどもの日という祝日になり、日本の全ての子どもの健やかな成長を祝い、願う日になりました。

こいのぼりを揚げるのは、険しい滝をさかのぼって龍になった鯉の伝説にちなみ、強くたくましく育つことへの願いが込められています。かぶとは戦国の武将が戦いのときに身につけたもの。ここにも強くたくましく育つようにとの願いが込められています。

2 かぶとを折ろう!

折り図を見ながら、ゲームで使うかぶとを折ります。

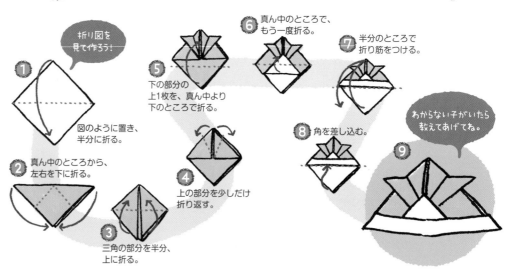

折り図を見ながらかぶとを折ります。保育者が折り方を教えるのではなく、折り図を頼りに、自分の力で折ることがポイントです。うまくできないときも、得意な子が手助けするなど子ども同士の関係性を大切にしましょう。

かぶと取りゲーム

相手チームのかぶっているかぶとを奪い合うゲーム。かぶとを取られなかった子が多い方が勝ちです。

あそび方

① クラス全体を4チームに分け、2チームずつ対戦する。

② かぶとをかぶって2チームが向き合ってラインに並ぶ。

③ 笛の合図でかぶとを奪い合う。
かぶとを取られたら待機スペースに移動する。

④ 終了の笛の合図でラインに戻って並ぶ。
かぶとをかぶっている子が多い方が勝ち。

取られちゃった！

仲間意識の確認

あそびの中で感じたことを話し合い、クラスやグループの結束を深めることにつなげます。

保育のねらい　かぶと製作やゲームを通して、友だちと一緒だからこそ楽しいことに気づき、
クラスやグループの仲間意識を深める。

	活動内容	用意するもの・環境設定	望まれる子どもの姿	指導上の留意点
4/26	○端午の節句の絵本や紙芝居を読む。	○端午の節句にまつわる絵本・紙芝居	○端午の節句の意味を知る。 ○両親や祖父母など、周りの大人に温かく見守られていることを知る。	○端午の節句を始め、行事には意味があることを子どもが理解できるように導く。
4/30	○かぶとを折る。	○かぶとの折り図、かぶとの折り方が載っている本 ○新聞紙など	○折り図を見ながら独力でかぶとを折る。 ○うまく折れないときも保育者に頼らず、子ども同士で助け合う。	○共感・自信をもたせる。 ○折り紙の得意な子が苦手な子を手伝うことで、人の役に立つ喜びを味わうことができるようにする。
5/1	○かぶと取りゲーム1回戦。	○動きやすい広いスペース ○自分たちで作ったかぶと ○ライン	○ルールを守ってあそぶ。 ○チームワークを発揮する。	○ゲームでは勝ち負けにこだわりがちだが、ルールを守ることの大切さに気づかせる。
5/2　保育ドキュメント	○かぶと取りゲーム2回戦〜話し合い。	○動きやすい広いスペース ○自分たちで作ったかぶと ○ライン	○ルールを守ってあそぶ。 ○クラスやグループの友だちに仲間意識をもつ。	○話し合いでは、友だちの存在を意識した発言を引き出す。

保育ドキュメント

かぶと取りゲーム

5歳児クラス **20**名

保育者 **1**名

保育の記録

アドバイス

10:00

ゲームであそぶのも2日目なのでスムーズに対戦できたが慣れた分、ルール違反も見られた。審判のCグループを中心に違反したときはどうするかを話し合った。

保育者が決めるのではなく、子ども同士のトラブルは自分たちで解決するよう自主性に委ねたのは賢明な対応です。

10:05

Cグループは▲▲ちゃんの提案で、対戦前に作戦会議を開いていた。

「あれ、Cグループは何をしているのかな」とDグループも気づくように投げかけてもよかったですね。

11:10

DグループはCグループに負けてくやしがっていた。□□くんには「何に気をつければ次に勝てるか考えてみよう」と話した。

負けたことはチームワークの大切さに気づくよい機会でした。子どもの気持ちに共感しながら次の行動を促すことが大切です。

11:30

今日のゲームの順位を発表したあと、インタビューをした。〇〇ちゃんは「◎◎くんがかっこよかった」とチームメートの活躍をほめた。これをきっかけにチームごとに工夫したこと、感じたことを話し合った。

自分が感じたことを友だちに発表するのは話し手の話す力が育つだけでなく、聞き手にとっても聞く力を育てることになります。
人間関係をつくっていく上で大事な経験ですね。

今回のプロジェクトでは、かぶと作りやゲームの中で、友だち同士の助け合い、協力、工夫が見られたことと思います。
こうした生活やあそびの中での経験が小学校に上がってからの主体的な学習意欲へとつながっていくのです。

→ ドキュメンテーション Part3に掲載

ワンダーぐみ　保育ドキュメンテーション

20XX年

5月

かぶと取りゲームで仲間作り

5月の端午の節句にちなんで新聞紙でかぶとを作り、かぶと取りゲームをしてあそびました。かぶとの作り方がわからないときは教え合ったり、ゲームではチームワークを発揮したり、年長児らしい成長の様子には目を見張るものがありました。

Part 1 どうして かぶとを飾るのかな？

4月26日

端午の節句の由来がわかる紙芝居を読みました。すこやかな成長を願い祝う意味が込められていることを知り、祝ってくださる身近な大人の人たちへの感謝の気持ちが子どもたちに芽生えました。

「男の子が元気に育つようにお祝いをする日だったんだね」と○○くん。

みんな交代でかぶとをかぶってみました。似合うかな？

Part 2 かぶと作りに挑戦！

4月30日

ゲームに使うかぶとを、折り図を見ながら折っていきます。折り図に合わせて折っていく工程は、たやすいことではありません。途中でわからなくなった友だちの手助けができるのも、年長さんとして大きく成長したからです。

新聞紙を用意して、かぶと作りスタート！

「ここ、どうやるの？」と、友だち同士で助け合います。

かっこいいかぶとのできあがり！

熱戦！かぶと取りゲーム

Part 3

5月1・2日

クラスを4チームに分け、総当たりで対戦しました。相手にかぶとを取られなかった子が多いほうが勝ちです。ゲームを楽しむ中にも、年長児らしい成長の様子が見られます。

まずは先生からルールの説明。みんな真剣に聞いています。

じっくり作戦会議中。

1列に並んで、「はじめ！」の合図待ち。ドキドキ緊張の面持ちです。

「えいっ！」と、相手のかぶとを目指して、果敢に攻めます。

子どもの成長・発達

5月のあそびプロジェクトは「友だち同士で助け合い協力する、つながりを深める」ことをねらいとしました。こうしたコミュニケーション力は集団生活をしているからこそ育つ、社会の一員として生活する上で欠かせない大切な能力です。なぜなら人間は一人では生きていけないからです。また助け合い協力する過程は、それぞれが意見を出し合うなど、小学校へ上がってからの主体的な学習意欲の土台となる体験を重ねる場でもあります。友だちとの関わりがこれからどのように深まっていくか、保護者のみなさん、ぜひご注目ください。

5月のあそびプロジェクトで主に育まれる幼児期の終わりまでに育ってほしい姿

○協同性
○道徳性・規範意識の芽生え
○言葉による伝え合い
○社会生活との関わり
○思考力の芽生え

5月ドキュメンテーション

6月

あそびプロジェクト

ピカピカ元気で丈夫な歯

6月4日～10日は歯と口の健康週間です。歯の健康について理解を深め、自らが率先して歯磨きできるよう導いていきます。また、基本的生活習慣の確立および助長を図り、心身共に健康な生活が行えるよう促していきます。この活動を通して、クラス全体で「ピカピカ元気で丈夫な歯」を目指します。

1　丈夫な歯ってな〜に？

プロジェクトの導入として、模型を使って健康な歯、虫歯について学んでいきます。「なぜ歯ってあるのだろう？」「虫歯ってなんだろう？」と、子どもの疑問を探り、関心を高めていきます。

6月4日の「6」は「む」、「4」は「し」あわせて「むし」ということから、この日は虫歯予防デーとされていました。現在では、この日から1週間を歯と口の健康週間と言います。

歯を大切にするということは、しっかりとかめるということにつながります。しっかりかむことは「虫歯を防ぐ」だけでなく「消化吸収を助ける」「脳を活発にする」という働きを促す役目もあります。また、歯は「言葉を正しく発音する」のにも大切な役目を担っています。

2　健康で丈夫な歯について知ろう

歯科衛生教育の一環として、園オリジナルの劇を見ます。

歯磨きをしないと僕たちミュータンスがいっぱいになっちゃうよ〜。

歯医者さんは怖くないよ！早く治そうね。

劇を見ながら歯磨きの大切さや歯の仕組みについて学んでいきます。小さいクラスの子でミュータンスを怖がってしまう子には、そばに寄り添ったり、安心する声かけをしながら見ていけるように伝えましょう。

③ 歯の仕組みについて考えよう

みんなで歯磨き人形を作りましょう。

用意するもの　・画用紙（顔・歯・体など事前に形にしておく）・はさみ
　　　　　　　・クレヨン　・割りピン　・絵の具　・モール　・のり　・折り紙

① 顔の形に切った画用紙に、目・鼻・ほおをクレヨンで描き、顔を絵の具で塗り、はじき絵をする。乾いたら、口を大きく切りぬく。

② 髪は黒の折り紙をちぎって貼る。

③ 丸く切った白い画用紙の上と下の部分に線を引き、歯の形にする。その片側にクレヨンで汚れを描き、もう一方に金と銀の折り紙を貼り、きれいに磨けたようにする。

④ 歯の紙の上に顔を重ね、鼻のところにモールまたは割りピンを刺して回るようにする。

⑤ 手・体・コップを貼りつけて、完成。

ピッカ　ピカ〜

④ 磨き残しをチェックしよう！

模型・劇・製作を通して、ピカピカな歯・虫歯について理解を深めてきました。そこで、最後にみんなで磨き残しをチェックするため染め出しを行ってみましょう。

まずは、保育者が染め出し液を綿棒につけて子どもたちの歯に塗ります。すると、磨き残しの部分が赤く染まります。鏡を見た子どもたちは真っ赤に染まった歯を見てびっくり！　その後、みんなで鏡を見ながら赤い歯が白くなるよう磨きましょう。

染め出しを行うことで磨き残しを発見することができ、歯磨きの大切さ・楽しさ、そして体の健康に対しての興味を促します。わくわくとドキドキたっぷりな活動です！

ぼくの歯どう？

歯を磨くって大切なことだしきれいになると気持ちがいいよね。

ほんと！

きれいになるときもちいいね！

※染め出しやブラッシングの指導は、歯科衛生士が行うことが望まれます。

保育のねらい　歯科衛生指導・染め出しなどを通して歯の健康について知り、基本的生活習慣の確立、および助長を図る。

	活動内容	用意するもの・環境設定	望まれる子どもの姿	指導上の留意点
6/3	○歯の模型を通し、歯の健康について知る。	○歯、および歯ブラシの模型	○歯の仕組みを知る。	○歯の模型を見えやすい位置に配置し、わかりやすいように話していく。
6/4	○歯科衛生指導として劇を見る。	○劇中で使用する小道具 ○いす ○ござ	○劇を見て、歯の役割、および虫歯について知り、学ぶ。 ○歯の大切さを知り、歯医者に行くことの意味を学ぶ。	○落ち着いて見るように促す。 ○劇を通して話をし、歯の役割を知らせ、その大切さに共感できるように導く。
6/5	○歯磨き人形を作る。	○折り紙 ○絵の具 ○クレヨン ○のり ○画用紙 ○モール ○割りピン ○はさみ	○製作を通して歯の仕組みを自ら考え、虫歯にならないように意識する。 ○お互いに見せ合い、喜ぶ。	○完成をイメージしながら作っていき、期待がもてるよう促していく。 ○友だち同士で互いに見せ合い、喜びを共感できるよう導く。
6/6　保育ドキュメント	○染め出しをする。	○染め出し液 ○綿棒 ○手鏡 ○歯ブラシ ○コップ ○タオル	○赤く染まった歯を見て関心をもつ。 ○正しい磨き方がわかり、身につく。 ○歯の役割を理解し、今後に向けて歯磨きを毎日行う。	○自分で行っていけるように声かけをし、正しく磨けているか確認していく。 ○磨き方を再確認することで、園生活にも生かせるようにつなげていく。

保育ドキュメント

染め出しをやってみよう!!

5歳児クラス	16名
保育者	1名

保育の記録

アドバイス

10:00

各テーブルごとに座り、歯ブラシ・コップ・タオルを出し、「うわ〜、楽しみだね」「わくわくするね」などの声が聞かれる中、染め出しについての説明を聞いていた。

数日前よりこの活動を行うということを話しておいたことで、スムーズに活動をする姿が見受けられました。

10:05

「初めにやりたい子はいるかな?」と、前に出てやりたい子を募る。最初にする子が決まったら、その子を中心に輪をつくり、実際に行うところを順番に見ていった。

自分たちが行う前に、代表者が染め出しをしている姿を見せることで、イメージしやすくなったのでしょう。ただ、やりたい子がいない場合も想定しておくとよかったですね。

11:10

驚きと笑顔が混在するクラスの中で、一人ひとり鏡を見ながら行った。
代表者のA君が率先して友だちと関わっている姿が見られた。
うまく磨けない子には援助をしていく。

自分で磨くことを尊重しながらも、一人ひとり確認していき、援助や安全に努めるのは大切なことです。

11:30

うがいをし、片づけを行い、正しい磨き方を再確認し、個々に感じたことなどの感想を伝え合った。

自分の体験を振り返ることで、正しい歯の磨き方を知り、身につくことにつながると思います。今回の体験を通して、正しい歯の磨き方を学んだことは、小学校に上がってからの生活習慣として身についていくでしょう。

→ ドキュメンテーション Part3・4に掲載 ▶

ワンダーぐみ　保育ドキュメンテーション

20XX年

6月

歯科衛生教育で丈夫な歯！！

6月4日〜10日は歯と口の健康週間です。歯の健康について理解を深め、自ら率先して歯磨きできるようになりたいものですね。劇や製作を通し、友だちと一緒に歯磨きの仕方を学び、虫歯予防に努めていきます。

Part 1 どうして歯磨きは必要なの？

6月3・4日

歯科衛生教育として劇を見ました。劇中では、歯を磨かないとどうなってしまうのか、なぜ歯を磨くのかを知りました。加えて、歯の仕組みについて、食べ物をよくかむことも学びました。

虫歯のミュータンスにドキドキの子どもたち。

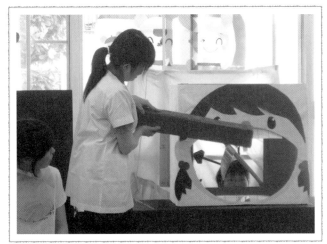

「こうして磨きますよ」と正しい磨き方を教わりました。

Part 2 歯磨き人形を作ろう！

6月5日

歯磨き人形を作りました。説明を聞き、見本を見ながら作っていく工程は決して容易ではありません。わからなくなった友だちに手を貸したり、互いに教え合ったりする姿を見ると「みんな成長したね」と感じます。

絵の具やクレヨンを使って顔を描きます。

「作った歯ブラシでぼくのお口もゴシゴシ」

元気な歯がいっぱい！

Part3 染め出し DE きれいな歯 haha!!

6月6日

グループごとに座り、磨き残しをチェックするために染め出しをしました。歯ブラシと鏡を自分で持ち、みんな真剣なまなざしです！　赤く染まった歯を見てクラス中が、笑顔と笑い声で包まれました。

「わ〜、真っ赤だ〜！」と驚きたっぷりです。

鏡で赤くなった歯を確認します。

歯ブラシ準備オッケー！

Part4 きれいに磨けたかな?

6月6日

ゴシゴシ……きれいになるにはもう少し。

きれいに磨けたかな？

磨き残しはないかな？　ご家庭でも最後は必ず大人が確認しましょう。

子どもの成長・発達

6月のプロジェクトは「ピカピカ元気で丈夫な歯」をねらいとして行いました。歯の仕組みや大切さを学び、また染め出しを体験することは、きれいに磨く、歯を大切にするという基本的生活習慣の確立に向けての礎となります。もちろん園での給食後の歯磨きにも活かしていきます。歯は「健康の源」です。丈夫な歯は、健康な体づくりのために欠くことのできない要素の一つです。このプロジェクトを通して自身の体の健康についても理解を深め、ご家庭でも歯磨きの習慣を身につけ、健康でピカピカな歯にしていきましょう。

6月のあそびプロジェクトで主に育まれる幼児期の終わりまでに育ってほしい姿

- ○健康な心と体
- ○自立心
- ○道徳性・規範意識の芽生え
- ○協同性
- ○言葉による伝え合い

7月

あそびプロジェクト

サマーキャンプ

就学期を控えた年長児は、成長・自立への階段を日々の保育活動で展開しています。家庭を離れ、友だちや保育者と共に宿泊体験をし、その活動の中から協働の喜びや自己の役割認識などを学ぶことにより、自立を促します。

1 みんなとお泊まり、できるかな？

プロジェクトの導入として、初めての宿泊体験に期待と不安でいっぱいの子どもたちに、昨年度のサマーキャンプの様子を見せましょう。また、実際に祖父母などの家に泊まったことのある子に、その体験を発表してもらい、不安が解消できるようにみんなで話し合いましょう。

両親と離れて宿泊したことのある子どもたちは、クラスの中でも限られているようです。祖父母などの家に泊まったことのある子どもに、その体験を発表してもらい、経験を共有してみるのも不安などの解消につながるでしょう。

「どんなところに行くのかな？」初めて訪れるのは、どんなところでも不安になります。子どもたちに、利用する施設のパンフレットや昨年度の写真などを見せながらイメージづくりをしましょう。例えば、二段ベッド・バイキング給食といった生活に関連する事柄を中心に！

2 守ろう！　お約束を。

大勢の人が利用する施設にはいろいろな約束があります。自分たち以外の人たちと、楽しく一緒に過ごすには、守るべき事柄が存在することを理解させながら活動できるようにしましょう。

保育者以外の方の話に耳を傾ける態度を身につけることは、今後の成長にとって大切なことです。また、興味や疑問をもったことなど、自分の意見を述べる機会をつくるようにしましょう。

3 いろいろな体験活動をしてみよう!

自然環境に恵まれた施設には、利用者の年齢に応じた様々なプログラムが準備されています。その中から年長児に最適のプログラムを選択して、活動を行います。また、雨天時のプログラムも用意されているので、天候に左右されずに活動できます。事前に活動内容を伝えておいて、意欲を高めるのも大切なことです。

フィールドアスレチック! いろいろな器具を使い、体を動かしてみよう!

みんなで"ウサギ"に変身! 広い野原を駆け巡ろう。

食事はバイキング形式。好き嫌いせずに、料理を選ぼう! みんなで食べるとおいしいなぁー!

日が暮れたら火の神さまからの贈り物! キャンプファイヤー! みんなで楽しく踊ろうよ!

4 友だちと一緒で楽しかったね

一夜明けて、子どもたちの表情はすがすがしく、自信に満ち溢れています。仲間意識の高まった雰囲気の中、やり遂げた満足感や充実感、楽しかったことなど、報告し合いましょう。

ふだんは、朝から夕方まで園で一緒に生活している子どもたちにとって、寝食を共にしながらの一泊二日のお泊まり保育は、大切な体験です。人と関わることが長時間続くと大人でも疲れてしまいます。けれど、家庭を離れ、保護者と離れ、家庭以外での宿泊体験は、今後、義務教育に臨もうとしている年長児に自立と自信を与えるものであると確信できるほど、子どもたちの姿・表情はたくましいものになっていきます。

家庭を離れ、友だちや保育者と共に宿泊体験を経験し、その活動の中から協働の喜びや自己の役割などを学ぶことにより、自立を促す。

	活動内容	用意するもの・環境設定	望まれる子どもの姿	指導上の留意点
7/9	○保育参観後の保護者との懇談会の中で、年間行事であるサマーキャンプの計画を知らせる。	○昨年度実施したサマーキャンプの活動予定表	○保護者と共にサマーキャンプの内容を知り、関心と意欲をもつ。	○年長児ならではの行事であることを認識し、参加に関心と意欲をもたせる。
7/22 保育ドキュメント	○サマーキャンプについて、クラスで話し合う。 ○祖父母宅に宿泊体験がある子どもたちの経験を聞く。	○今年度のサマーキャンプの活動予定表 ○利用施設の説明書 ○昨年度実施した活動内容の写真など	○自分たちが利用する施設の概要を知る。 ○用意されたプログラムの内容を知る。 ○宿泊体験を理解する。 ○約束事の存在を知る。	○活動内容を詳細に知らせる。 ○宿泊に対する不安などを十分に把握する。 ○持参品などについて詳しく説明する（後日、保護者に通知）。
7/28	○出会いの集いで所員から説明を聞く。 ○自然散策 ○バイキング昼食 ○午睡、おやつ ○アスレチック活動 ○キャンプファイヤー ○入浴、就寝	○活動に必要な服装 ○宿泊に必要な着替え	○保育者以外の人からの話をよく聞く。 ○友だちと一緒に活動する。 ○不安なく宿泊ができる。 ○利用規則を守る。	○約束事を十分に理解させる。 ○活動を十分に楽しませる。 ○利用規則を守るよう指導する。 ○不安なく就寝できるよう配慮する。 ○夜間非常態勢の確認。
7/29	○朝の集い ○動物ランドの冒険 ○おやつ ○セットメニュー昼食 ○別れの集い ○帰園	○活動に必要な服装 ○宿泊に必要な着替え	○集団宿泊体験で自信と自立心をもつ。 ○友だちと一緒に活動する。 ○体験を振り返り、自立につなげる。	○活動を十分に楽しませる。 ○宿泊体験できたことを讃える。 ○宿泊体験による疲労などに十分配慮する。

保育ドキュメント

サマーキャンプの話し合い

5歳児クラス **20**名
保育者 **1**名

保育の記録

アドバイス

10:00

○○ちゃんが、母親の実家に泊まってきたことを話す。みんなの前で、▲▲くんがお泊まりに不安を訴えるので、「先生も友だちも一緒だよ! がんばろうよ」と励ます。

祖父母宅などに泊まった経験がない子は、家庭を離れることに不安を覚える場合が多いようです。無理強いせずに、その気持ちを受け止めながら、友だちや保育者の存在を伝えることは不安解消に有効だと思います。

10:15

今年度の活動予定表を説明し、グループ分けを発表すると、★★くんが「××くんと同じグループになりたい」と言い、●●ちゃんも「♥♥ちゃんと一緒がいい」と言い出すので、「年長さんだから、誰とでも一緒に活動できるよね」と諭すと、「年長さんだから大丈夫」と了解してくれる。

子どもたちには、それぞれ仲のよい友だちがいます。それは否定できないことですが、【年長】というキーワードを子どもたち自らが受け入れ、我慢できたのだと思います。個人を尊重しながら、協調性を養うことが集団を導くには必要不可欠なことです。

10:30

キャンプファイヤーでの火の守の役について、子どもたちに提示したところ、「◎◎ちゃんがいい」とほぼ全員に支持されたが、◎◎ちゃんは恥ずかしがってモジモジしていた。すると、◎◎ちゃんコールが起こり、後押しされたように◎◎ちゃんはその役を承諾し、友だちから拍手がわいた。

子どもたちの配役を決める場合は、性格や特性を十分に配慮しながら行わなければなりません。また、年長児ともなると自我の芽生えから自ら申し出ることも多々あります。この場合は、クラス全員が支持し、なおかつ背中を後押しする思いやりがあったことと思われます。子どもたちの成長は意外な場面から知らされることがありますね。

10:45

サマーキャンプの説明の最後として、他の人たちも利用するため、食事時間・入浴時間・使用してよい場所などの約束事があることを知らせると、全員納得し、「ガンバルゾー」と唱和する。

このプロジェクトは、年長児だけが参加できるものであり、その自覚と認識をもって活動することは大切です。集団で過ごす場合には、必ず約束事が存在することを知らせ、意識して活動できるよう配慮する必要があります。

→ ドキュメンテーション Part1に掲載 ▶

ワンダーぐみ

20XX年
7月

保育ドキュメンテーション

がんばったね、サマーキャンプ

年長児の恒例行事のサマーキャンプ。やればできる"がんばる力"とみんなで励まし合う "思いやりの心"を友だちと一緒に育みながら、豊かな自然活動・集団宿泊体験の2日間 でした。子どもたち一人ひとりの姿はたくましく、何か大きく成長したように感じました。

Part 1 友だちと一緒に お泊まりできるかな？

7月22日

初めての宿泊体験に、期待と不安でいっぱいの子どもたち。そこで、 子どもたちの不安を解消するために、実際に利用する施設のパンフ レットや、昨年度の写真を見ました。どのようなことをするのか、 どこに行くのかなどがよくわかり、イメージづくりができたようで す。また、祖父母宅にお泊まりしたことのある子の体験を発表して もらうことで不安も少し解消したようでした。

Part 2 さぁ、サマーキャンプに出発だー！

7月28日

わくわく、ドキドキ！　出発前の子どもた ちは、期待と不安が心の中で入り混じって いました。元気に挨拶をしてバスに乗車す ると表情が一転し、意欲満々！

Part 3 出会いの集い・体験活動

7月28日

自然の家に到着！　所員の先生から、利用 上の注意をよく聞くことができました。天 気がよかったので、晴天時のプログラムを 実施しました。昼食はバイキング給食。好 き嫌いなく食べられました。その後、部屋 で午睡をし、元気回復！　おやつを食べて から水辺の生き物を観察しました。

元気な挨拶をほめていただきました。

カニさん、見っけ！

Part4 初めてのキャンプファイヤー・お泊まり

7月28日

幻想的な炎を前に歌やダンスで楽しんだキャンプファイヤー！　初めての行事にみんな興奮気味。入浴・歯磨きも上手にできました。

キャンプファイヤー、楽しかったね。

友だちと一緒でうれしいな。

Part5 みんなとお泊まり、できたよ！

7月29日

元気に目覚め、朝の集会。一人で身支度もできました。活動を終えてから、別れの集い。家に帰ったら、たくさん話ができるね！

元気いっぱい、朝の集会。

所員の先生の話も、上手に聞けました。

子どもの成長・発達

7月のあそびプロジェクトは、サマーキャンプを実施しました。社会的ルールを守る、友だちとの協働の喜びを知り自己の役割を認識する、来たるべき就学に向けて自立を図り、何事にも全力で立ち向かう "がんばる力" と、他人のことを気遣う "思いやりの心" の育成に努めるなどをねらいとして、子どもたちは一人ひとり意欲的に行動し、友だち・保育者と共に様々なことを学びました。体験的な活動は、園の思い出として忘れ得ぬものとなることでしょう。また、成長する過程においても必ずや子どもたちの羅針盤の役目を果たすことと期待します。ぜひ、ご家庭でも子どもたちに活動の様子をお聞きになってください。そして、ほめることもお忘れなく！

7月のあそびプロジェクトで主に育まれる幼児期の終わりまでに育ってほしい姿

○社会生活との関わり
○道徳性・規範意識の芽生え
○協同性
○健康な心と体
○自立心

8月

あそびプロジェクト

ダイナミックな水あそびをしよう

滑り台とフェンスの間に張ったブルーシートの下に、雨水の大きな水たまりを見つけた子どもたちは、シートをつついて波を立て、流れ出た水で協力して川や池を作ってあそびました。8月はダイナミックなあそびを展開しましょう。

1 大きな水たまりを探してみよう

ブルーシートに開いた穴から出た水がたまっているのを見つけた子どもたち。その水で楽しくあそぶための工夫をし始めました。子どもたちが発見したことから、どのようにあそびを展開していくかを見守っていきましょう。

2 ダムを作ろう

「もっと大きい水の流れや水たまりを自分たちで作りたい」そんな発想から、場所を砂場に移し、ダム作りをします。子どもたちが共通の目標をもってあそぶ楽しさを味わえるようにしましょう。

今までの砂場あそびの体験から、水を多く、早くためるための工夫・アイデアを出し合い、ダム作りが楽しく発展していくよう適切なアドバイスをしていきます。

3 舟を作ろう

舟のイメージを具体的にもてるように写真や図鑑などを見ながら、材料を選んで作り始めます。

用意するもの ・はさみ ・フェルトペン ・テープ ・油性ペン ・色紙
・ビニール袋 ・廃材 ・ひも ・図鑑や写真

作り方

1. 安全にみんなが楽しく活動できるように約束を確認し合う。
2. どんな舟にするか、好きなデザインを考えながら廃材を選ぶ。
3. はさみ・テープ・ビニール袋・ひも・フェルトペン・油性ペンなどを使って自由に作る。
4. できあがった舟を水に浮かべてみる。
5. 舟が沈んだときは、その原因を一緒に考えてみる。

4 浮かべてあそぼう

できあがったものをダムに浮かべてみます。あそびの中から出てくる子どもの自然の声を大切にしながら展開していきます。

保育のねらい　子どもの自由な発想からあそびを展開していく。

	活動内容	用意するもの・環境設定	望まれる子どもの姿	指導上の留意点
7/31	○大きな水たまりを探す。 ○いろいろな素材を浮かべてみる。	○廃材（ペットボトル・トレーなど） ○砂場の道具（シャベル・スコップなど） ○バケツ ○ホース ○じょうろ ○ブルーシート	○こぼれ出た水の流れを見つけ、川や池を作って工夫してあそぶ。 ○身近な物の中から浮く物、浮かない物を実際に浮かべて試す。	○子どもたちの発見に共感し見守りながら、さらにあそびが展開していくような言葉かけをしていく。
8/1	○ダム作りをする。	○廃材（ペットボトル・トレーなど） ○砂場の道具（シャベル・スコップなど） ○バケツ ○たらい ○ホース ○じょうろ	○子ども自身の発想を自由に出し合い、協力しながら、ダム作りを進めていく。	○友だちの発見を認めたり、友だちの意見を受け入れたりしながら、自分からアイデアを出せるように見守ったり、働きかけたりする。
8/2 保育ドキュメント	○舟を作る。	○浮く廃材（ペットボトル・トレー・紙パックなど） ○はさみ　○テープ ○フェルトペン ○油性ペン　○色紙 ○ひも　○ビニール袋 ○机　○いす ○図鑑や写真　○絵本	○道具を使うときの約束を確認し、素材を選び、舟を作る。 ○できあがった物は一度水に浮かべ、沈んだときは原因を考え修繕する。	○道具の正しい使い方を再確認する。 ○作った舟を水に浮かべて試し、沈んだときは修繕し、楽しくあそびが展開できるようにする。
8/3	○舟を浮かべてあそぶ。	○自分で作った舟 ○2日目にみんなで作ったダムに水をためておく。 ○廃材、砂場道具など	○舟がダムに浮き喜ぶ。 ○もっと広いところで浮かべたくなり、プールへ行く。 ○舟で競争したり、もっと速く進める工夫をして楽しむ。	○子どもたちの声からあそびが展開するように見守る。 ○子どもたちのアイデアが広がるようなアドバイスを心がける。

廃材を使った舟作り

5歳児クラス **14**名
保育者 **1**名

保育の記録

アドバイス

10:00
製作をする上ではさみの使い方などの約束は、今までも何度も確認してきたので、今回は子ども同士で再確認し合う。

今までの経験から、安全にあそぶためのルール・約束を再確認し合ったことは、子どもたちの自主性を尊重し、次の活動への意欲につながるので大切にしたいですね。

10:05
素材選びは、それぞれ興味がある物を選んでいた。なかなか選べなかった子が友だちの様子を見ながら、自分で悩み、考えて選んでいた。

素材を選べなかった子にすぐ声をかけるのではなく、見守りながら待ったことが、その子にとって自信へとつながりました。

10:15
アイデアが浮かんだ子は、工夫しながら作っている。なかなか進まない子に、絵本や図鑑を見るよう促すと、イメージがわいたようで少しずつ作り始めていた。

想像力や製作に対する意欲を高めるために、絵本や図鑑を見るだけでなく、イメージを具体化するために絵を描いてみてもよかったですね。

10:40
できあがった作品を見せ合いながら、同じところ・違うところ探しが始まる。まだ、できあがらず急いで作ろうとする子には、慌てなくて大丈夫と伝えると落ち着いて作り出す。

急がせないで作らせたのはよかったですが、製作には個人差があるので、早く終わった子のあそびたい意欲が失われないような配慮も必要です。

10:50
舟が浮いた子は喜んでいた。沈んだ子には、「穴が開いていたかな？ 塞いでもう一度浮かべてみよう」と声をかけると、テープで穴を塞ぎ、今度は浮いたと喜んでいた。

舟が沈んだ子の意欲が失われないような声かけと援助をしたことは、子どもが達成感を味わうことにつながりましたね。

→ ドキュメンテーション Part3に掲載

ワンダーぐみ

保育ドキュメンテーション

水あそびを楽しもう

滑り台とフェンスの間にできた大きな水たまりを見つけた子どもたち。他にも水たまりを探しているうちに、自分たちでもっと大きな水たまりを作りたいという声が出てきたのを受けて、みんなで大きなダムを作ったり、舟を作ったりして、夏ならではの、ダイナミックな水あそびを楽しみました。

Part 1 大きな水たまりを探してみよう

7月31日

子どもの発見に共感したり、見守ったりしながら、さらなるあそびの展開につながるような言葉かけをしていきました。

雨が降って、水たまりができたよ。

「浮くかな？　浮かべてみよう」といろいろな物を浮かべていました。

Part 2 ダムを作ろう

8月1日

「もっと大きな水たまりを作りたい！」と子どもたち。そこで、みんなで力を合わせ、砂場に大きなダムを作りました。

「そこにもっと土をのせて……」「もっともっと深く掘って……」次々に意見を出し合っていました。

ついに山・谷・トンネル・川ができ、大きなダムができあがりました。すると「舟を作って浮かべてみようよ！」と聞こえてきました。

Part3 廃材を使って舟を作ろう

8月2日

ダム作りの中で子どもたちから出てきた、「舟を作って浮かべたい」という気持ちをくみ取り、廃材を使って舟を作りました。好きな廃材を選んで、一生懸命作りました。

安全に製作するための『お約束』を確認し合いました。

「かっこいい舟を作ろう」と真剣に作っていました。

Part4 浮かべてあそぼう

8月3日

作った舟を持って、いざダムへ。一生懸命作った舟が浮くと、子どもたちは大喜びでした。

「ちゃんと浮くかな?」「ドキドキするね」

「すごい!　浮いたね」

子どもの成長・発達

8月のプロジェクトは「自分で考え、共感したり、工夫したりする体験」をねらいにしました。このような経験を通して、自主性や想像力を育みます。また、廃材を利用することによって物を大切にすることを学び、科学的興味を引き出し、工夫してあそぶようになりました。友だちとのコミュニケーションを深める中で、自分の考えや思いを伝え合えるようになることは、将来、社会の一員として生きる上でとても大切な能力です。友だちとのあそびを通して子どもたちの自主性や想像力がぐんぐん育っています。

8月のあそびプロジェクトで主に育まれる幼児期の終わりまでに育ってほしい姿

○協同性
○思考力の芽生え
○言葉による伝え合い
○数量や図形、標識や文字などへの関心・感覚
○自立心

61

9月

あそびプロジェクト

昔のあそびを体験しよう！

敬老の日に園児のおじいさん・おばあさんを招待し、昔のあそびを一緒に体験しましょう。一緒に活動することで、高齢者に親しみをもち、『尊敬する心』・『思いやる心』を育むようにしましょう。また、好奇心や探究心が向上するようにしましょう。

---

① 敬老の日ってどんな日なのかな？

プロジェクトの導入として、敬老の日がどんな日か話をしましょう。また、おじいさん・おばあさんはどんな人なのか考えてみましょう。そして、おじいさん・おばあさんにどうするのがよいか話し合いましょう。

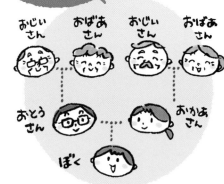

9月の第3月曜日を『敬老の日』とし、社会のために長年働いてきたお年寄りを敬い、長寿のお祝いをします。

おじいさん・おばあさんは、私たちのお父さん・お母さんのお父さん・お母さんだから、ずいぶん年齢が上になるんだね。重いものとかを持つときに、私たちが手伝うと喜ぶね。

---

② おじいさん・おばあさんを園に招待しよう！

保護者を通じて、おじいさん・おばあさんに招待状を渡しましょう。

おじいさん・おばあさんへ

けいろうさいを
しますので、
どうぞあそびに
きてください。

〇〇園　敬老祭　招待状

日時　〇月〇日（〇曜日）
　　　9：30〜11：15

自分のおじいさん・おばあさんへ手紙を書いてみましょう。

表紙はケント紙などを貼り、イラストを描いたり、絵を貼ったり、いろいろと工夫をしてみるとよいでしょう。

3　おじいさん・おばあさんと一緒にあそんでみよう!

昔のあそび（コマ回しやあやとり・お手玉など）と、今のあそび（ゲームやキャラクターカードゲームなど）との違いを見てみましょう。違いがわかったら、コーナーに分かれておじいさん・おばあさんに昔のあそびを教えてもらいましょう。

コーナー平面図

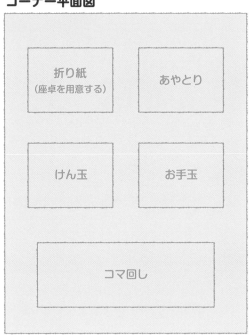

あやとり

コマ回し

4　高齢者に親しみをもち、思いやりの心・感謝する心を育む

おじいさん・おばあさんへ、「いろいろなあそびを教えてくれてありがとう」の気持ちを込めて、首飾りの絵カードとみんなの大好きな歌をプレゼントしましょう。

保育のねらい　敬老祭を通して高齢者へ親しみをもち、思いやりの心や尊敬の心を育む。
昔のあそびを通して、あそびへの好奇心や探究心を向上させる。

	活動内容	用意するもの・環境設定	望まれる子どもの姿	指導上の留意点
9/15	○敬老の日についてどんな日か話をする。 ○おじいさん・おばあさんとの関わりについて話し合う。 ○年を重ねるとどうなるか考える。	○おじいさん・おばあさんのペープサート ○お年寄りが載っている本 ○人間の成長が理解できる本	○敬老の日がどんな日か知る。 ○おじいさん・おばあさんはお父さん・お母さんの両親であることを知り、いたわりの気持ちをもち、優しく接するようにする。	○敬老祭を通し、おじいさん・おばあさんに対して理解を深め、子どもが親しみをもてるように導く。
9/16	○おじいさん・おばあさんが子どものときのあそびについて学ぶ。 ○現在のあそびとの違いを理解する。	○昔のあそび（コマ回し・あやとり・けん玉）が載っている本 ○コマ　○毛糸など ○お手玉　○けん玉 ○折り紙	○コマ・あやとりに使う糸・けん玉・お手玉を見る。 ○本の中でどのようにあそんでいるか知る。	○昔のあそびに興味をもたせ、現在のあそびとの違いを理解できるよう導く。 ○昔のあそびをおじいさん・おばあさんとできることを知らせ、期待をもたせる。
9/17 保育ドキュメント	○おじいさん・おばあさんと昔のあそびを体験する。 ○おじいさん・おばあさんへ絵カードと、歌のプレゼントをする。	○遊戯室　○コマ ○毛糸など　○お手玉 ○けん玉　○折り紙 ○ピアノ ○いす（高齢者用） ○テーブル ○絵カード（プレゼント用）	○おじいさん・おばあさんにあそびを教えてもらい、あそぶ。 ○ひもの巻き方などを教えてもらう。うまくできないときは、おじいさん・おばあさんに手伝ってもらう。 ○おじいさん・おばあさんへ絵カードと歌をプレゼントする。	○おじいさん・おばあさんとの会話を通じ、コミュニケーションをとり、楽しくあそべるよう配慮する。
9/18	○おじいさん・おばあさんとあそんだ感想を話し合う。 ○おじいさん・おばあさんへの思いやり・感謝の気持ちが育つようにする。 ○様々なあそびがあり、楽しかった思いを話し合う。	○保育室 ○コマ ○あやとり ○お手玉 ○けん玉 ○折り紙	○おじいさん・おばあさんとどのようにあそんだのか、話をする。 ○昔のあそび（コマ回し・あやとりなど）について話をする。 ○おじいさん・おばあさんへの感謝の気持ちを話し合う。 ○様々なあそびがあることを知り、興味をもつ。	○昔のあそびについて楽しめたか、話を聞くようにする。 ○おじいさん・おばあさんがどんな人であったか、引き出せるよう導く。 ○おじいさん・おばあさんへ感謝の気持ちがもてるよう導く。 ○様々なあそびがあることに気づき、子どもが主体的に学べるよう指導する。

保育ドキュメント

昔のあそび（コマ回し・あやとり・けん玉・折り紙・お手玉）

5歳児クラス	**15**名
保育者	**1**名
招待しているおじいさん・おばあさん	**18**名

保育の記録

アドバイス

9:15〜9:40

おじいさん・おばあさんの受付。
別室にて、普段見ることができない子どもの日常生活の様子をビデオで見ていただいた。

日ごろの子どもの様子を見ていただき、5歳児の活動を理解していただくようにしたことがとてもよいですね。

10:00

子どもたちが遊戯室で待機し、「こんにちは。ぼくたち、わたしたちの園にようこそ!」と、拍手でおじいさん・おばあさんをお迎えした。

子どもたちに温かく迎えられて、おじいさん・おばあさんも喜んでいらっしゃいました。

10:05

「おじいさん、おばあさん、はじめまして!楽しくあそぼうね」と、挨拶をした。

挨拶は全ての基本です。気持ちのよい挨拶で始めることが重要です。

10:10

今日のあそびについて、コマ回し・あやとり・お手玉などがあり、おじいさん・おばあさんに教えてもらいながら一緒にあそぶことを話した。
「これ、どうやるの?」と質問しながら、おじいさん・おばあさんと一緒にあそんだ。

いろいろなあそびへの好奇心や探究心が促され、自分がわからないことは、おじいさん・おばあさんと一緒にコミュニケーションをとりながらできることを学びました。
現在とは違うあそびがあることを知り、テレビやビデオを見たり、ゲームをしたりする以外でも楽しくあそべることに気づく、よい機会になりました。

10:40

わらべ歌「通りゃんせ」を全員でした。
おじいさん・おばあさんがアーチを何カ所かつくってくれた。
「通りゃんせって楽しいね」と○○ちゃん。
おじいさん・おばあさんとあそびを通して、コミュニケーションをとった。

11:00

「今日はいろいろなことを教えてくれてありがとう」と言いながら、おじいさん・おばあさんに歌と絵カードをプレゼントした。

今回のプロジェクトでは、昔のあそびを通して、おじいさん・おばあさんへの尊敬・思いやりの気持ちが見られたと思います。また、今まで知らなかった昔のあそびを通し、好奇心や探究心が向上し、子どもが主体的に学べる体験として、学習意欲の基礎づくりも行えました。

→ ドキュメンテーション Part2〜4に掲載

ワンダーぐみ

保育ドキュメンテーション

20XX年

9月

昔のあそびを体験しよう！

敬老の日はどんな日か話し、園児のおじいさん・おばあさんを招待し、敬老祭を行いました。おじいさん・おばあさんとコマ回し・あやとり・お手玉などの昔のあそびを一緒に体験しました。コマのひもの巻き方や、あやとりのやり方などを教えてもらったりすることで、昔のあそびの楽しさを味わえました。

Part 1 どうして敬老の日に お祝いするのかな？

9月15日

敬老の日は、みんなが生まれる前からずっとお仕事をしてきてくれたおじいさん・おばあさんに対して「ありがとう」という感謝の気持ちを込めて、長生きをお祝いする日であることを話しました。

「ぼくたち、私たちが生まれる前から、お仕事してくれていたんだね」

「おじいさんは、ぼくや私のお父さん・お母さんのお父さんなんだね」

Part 2 昔はどんなあそびを していたのかな？

9月17日

昔のあそび、コマ回し・あやとり・お手玉・わらべ歌（通りゃんせ）などがあることを知りました。また、あそびの方法を学び、現在のあそびとの違いも理解しました。

「昔のあそび」について、興味をもって話を聞きます。今とは全然違うんだね。

『通りゃんせ』の歌を歌います。
「早く通りゃんせしたいなぁ〜」

「どうやってあそぶのかな？」
「私たちもできるかな？」

Part3 さぁ、昔のあそびを一緒にやってみよう！

9月17日

コマ回し・あやとり・お手玉などをしてあそびました。おじいさん・おばあさんからあそび方を学び、会話も楽しみ、5歳児らしい活動になりました。

「お手玉って触ると気持ちいい！」「1、2、1、2」「中に小豆が入っているのよ」と、おばあさんが教えてくれました。

「あやとりっておもしろい！」「おばあさん、上手」「次はどうするの？」

「とおりゃんせ　とおりゃんせ」と歌に合わせて楽しいな。

Part4 絵カードをプレゼントしよう。

9月17日

「いろいろ教えてくれてありがとう。私たちは絵のプレゼントをするね」

「今日はありがとう」「また、あそびたいな」と別れを惜しむ姿も見られました。

子どもの成長・発達

9月のあそびプロジェクトは、「敬老祭を通じて、おじいさん・おばあさんに親しみをもち、思いやりと感謝の気持ちを育む」ことをねらいとしました。近年、核家族が増加し、日常生活を過ごす中でおじいさん・おばあさんとの関わりが希薄になっています。今回のようにおじいさん・おばあさんと日頃体験したことのない昔のあそびをすることで、おじいさん・おばあさんへの尊敬や感謝する気持ちを育てます。また、コミュニケーションをとる中で、子どものあそびに対する好奇心や探究心を向上させ、子ども自身が主体的に学べる体験として学習欲の基礎づくりも行えます。社会とはいろいろな人に支えられて成り立っていることを理解し、年長者に対する感謝の気持ちを大切にしたいものです。

9月のあそびプロジェクトで主に育まれる幼児期の終わりまでに育ってほしい姿

○協同性
○道徳性・規範意識の芽生え
○社会生活との関わり
○言葉による伝え合い
○豊かな感性と表現

10月

あそびプロジェクト

育てた芋で焼き芋作り

6月の苗植えから収穫までを振り返り、自然の恩恵を受け、食べることに感謝の気持ちをもてるようにしましょう。また、子どもたちは焼き芋作りの工程を体験することで、生活の知恵を学ぶことでしょう。

---

1 芋掘りができるまで

プロジェクトの導入として、苗植えから芋掘りまでを振り返りましょう。一つの苗からたくさんの葉が伸び、土の中で育った芋は大小様々な形や数がありました。子どもたちから過去の体験を引き出しましょう。

芋の芽ってあったよね。

苗はどうやって植えたかな?

葉っぱに穴が開いていたのはなぜ?

なかなか掘れない芋があったね。

苗の葉は、右方向に向けて斜め植えをしました。植える間隔は30cmほど。草が生えないようにマルチ（※）を張り、子どもの手のひらぐらいに穴を開けました。ちょっと力を入れても抜けないようにしっかりと植えました。

※マルチ…農業用ビニール

マルチを張っても畑の溝などから草が生えてきます。草取りをしながらつる切りの時期を待ちます。天候を見計らい芋掘りの日程に合わせてつるを切り、子どもたちもつる運びの作業をします。マルチを剥がした後は、つるの根を頼りに芋を掘るだけです。

---

2 焼き芋の準備をしよう!

芋を洗って切り、見本を見ながら焼き芋の下準備をします。

1. 土のついた芋を、手やたわしで洗う。
2. 3等分に包丁で切る。
3. クッキングシートで芋を包む。
4. 3を濡らした新聞紙で包む。
5. 4をアルミホイルで巻く。

皮も食べられるくらい、しっかり洗おう。

自分のためだけではなく、他の人のためにも準備するということを子どもたちに伝えてから作業に入りましょう。芋は3等分に切ります。芋は硬いので包丁を使用するときは、包丁の背の部分に力を入れるとよいでしょう。新聞紙の湿り具合やアルミホイルの巻き方は、子ども自身で考えることを大切にしましょう。

2章 保育ドキュメンテーションの作成

3 焼き芋作り

ブロックを並べ、炭と落ち葉を利用して焼き芋を作ります。

作り方

1 一輪手押し車などでブロックを運んで並べ、かまどを作る。

2 炭に火をおこし、うちわを使い、炭をおき（※）の状態にする。

3 芋をかまどに入れ、事前に子どもたちが拾い集めていた乾燥した落ち葉を上からかぶせる。

4 15分ほどすると焼き上がる。その後、食べる。

※おき…炎がなくなり、炭が赤くなっている状態のこと

4 体験を通しての子どもの育ち

焼き芋作りを通して感じたこと、思ったことなどを一人ひとりが発表し、生きる源になる食べ物への関心を高めていくことにつなげます。

10月 あそびプロジェクト

芋は嫌いだったけど焼き芋は食べられたのでうれしかった。

お父さんがトマト作っているけど、大変だって言ってた。

とても甘くておいしかった！給食の芋とは全然違う味だった。

虫も食べるよね。草取り大変だね。

もったいないから皮まで食べた。

いろいろな料理があって芋ってすごいね。

食べ物は、みんなが口にするまで、
大変な仕事をしながら心を込めて作っている人たちがいることがわかったね。
芋の他にも育て方が違う野菜があるからもっと調べてみよう。

保育のねらい　収穫までを振り返り、食べることに感謝の気持ちをもつ。焼き芋作りの工程を体験し、生活の知恵を知る。

	活動内容	用意するもの・環境設定	望まれる子どもの姿	指導上の留意点
10/25	○芋のつる運びと畑の整理をする。	○子どもたちが運びやすいように、つるを切ってまとめておく。	○個人の力で、または友だち同士で力を合わせてつる運びをする。 ○散らかっているつるを最後まで拾い、畑をきれいにする。	○つるは水分を含んでいるため、重さがある。腕力や足の運びが必要だということを伝え、励ましながら自分の力を精一杯出せるようにする。
10/26	○芋掘りをし、掘った芋は園まで持ち帰る。	○スコップ、リュックサックを家庭で準備してもらう。 ○土が固く子どもの力で無理な場合は、鍬で土を耕し掘りやすくする。	○見つけた芋をスコップや手を使って掘ることを楽しむ。 ○掘った芋が大きければ大きいほど喜び、友だち同士、数の多さや大きさを比較し合う。	○掘れないと途中であきらめる子には、励ましながら必要に応じて手助けをし、達成感を味わわせる。
10/27	○苗植えから収穫までを振り返り話し合う。 ○芋を洗い乾かす。 ○ブロックでかまどを作る。	○苗植えの様子や、草取りの様子などの写真、または絵 ○たわし ○一輪手押し車 ○かまどが作れるスペース ○かまどの図案 ○ブロック	○過去を振り返り、覚えていることを発表する。 ○芋を丁寧に洗う。 ○重さやバランスに気をつけながら一輪手押し車を扱い、図案を見ながらかまどを作る。	○育てた芋を食べることに感謝の気持ちをもたせていく。 ○洗う作業は、人のために役立っていることを意識させる。 ○ブロックを安全に運び、積み重ねることを考えさせ気づけるようにする。
10/28　保育ドキュメント	○芋を切る。 ○濡らした新聞紙やクッキングペーパーで芋を包み、それをアルミホイルで包む。 ○かまどでの火おこしを手伝う。 ○焼き上がった芋を食べる。	○包丁　○まな板 ○新聞紙　○木材 ○クッキングペーパー ○アルミホイル　○炭 ○落ち葉　○お茶 ○園庭に敷物を広げ、他のクラスの友だちと焼き芋を食べる。	○説明を受け、見本を見ながら焼き芋の準備を個人で進めていく。 ○できあがるまで待ち、友だちの分も考えながらおかわりをしていく。	○包丁を安全に使えるよう指導する。 ○かまどの近くで作業をする際、危険を感じたら逃げることを意識させる。 ○おいしさの表現を引き出す。

保育ドキュメント

焼き芋作り

5歳児クラス　**13**名
保育者　　　**1**名

保育の記録

アドバイス

9:50

包丁で食べ物を切る経験をしているが、芋は初めてである。子どもの力で切れそうな形を選んだ結果、子どもたちは「難しい」「硬い」と言いながらも、うまく3等分に切ることができた。

同じ経験でも、素材が違うと切り方や力の入れ方に違いがあることに、子ども自身で気づいたようですね。大きな芋だと、子どもの力で切ることは、難しかったかもしれません。3等分に切ることを目的として、保育者が芋を選別したことはよかったと思います。

10:00

全員そろうことができなかったためスタートが遅れたが、事前にアルミホイルをサイズに合わせて用意していたので、子どもたちもスムーズに作業が進み、時間までに仕上げることができた。

アルミホイル切りは、子どもに経験させたかったですね。大きさがそろわなくても、どう工夫をしたらよいか子ども自身に考えさせるべきでした。アルミホイルの利用方法について話し合うことも生活の知恵が増えることになるでしょう。

10:15

落ち葉を炭にかぶせるときなど、やけどをしないよう子ども自ら気をつけていたが、「熱い」と叫び逃げる子もいた。焼き上がる予定時間を知らせると、「長い針が6になった」と子どもたちが時間の推移に気づいて教えてくれた。

危ないからと避けるより、こういった機会を通して体感させることは、危機回避能力を育てる上で大事なことだと思います。
時計を利用して待つことも、年長児にとって就学前には必要となってくるので、これからも生活の中で意識させていきましょう。

10:30

焼き芋を食べる子どもたちから「甘い」「香ばしい」「嫌いな芋でもこれは食べられた」「焦げているところもおいしい」「どうして栗みたいな味がするの?」「もったいないから皮も食べる」「大きいのより小さいほうがおいしい」など、様々な感想を聞くことができた。

その時間やその瞬間にしか出ない言葉があります。一人ひとりに耳を傾けたことは、発言しにくい子にとってうれしかったと思います。ここでまた子どもたちとの信頼関係が深まりましたね。

16:00

ブロックは重いので危険が伴うかもしれないと思ったが、かまど作りから片づけまで子どもたちでできた。「○○くんは力もち」「クラスで1番かもね」と友だちを認めていた。片づけの間、「またしたいね」「楽しかったね」「芋と違う物を焼いてみたい」など、友だち同士の会話があった。

子どもの能力を信じて取り組んだ結果、あの大きな一輪手押し車を子どもたちでも使えることがわかりましたね。準備から片づけまで、経験した子どもたちは、楽しみながら家庭では普段味わえない貴重な体験ができました。

→ ドキュメンテーション Part3〜4に掲載

保育ドキュメンテーション

20XX年 10月

育てた芋で焼き芋作り

6月に苗を植えた芋の収穫が無事できました！　5歳児は、苗植えから草取り、つる運びの作業に参加してきました。「自分たちで育てた」という思いも大きく、焼き芋の準備にも個人やチームワークの力を発揮してくれました。

Part1 収穫できるまでを振り返ってみよう！

10月27日

芋の成長を振り返り、そのとき感じたこと、思ったことを話し合っていきました。子どもたちは畑のにおいや様子、季節の変化などを思い出しながら芋が育つまでの道のりがあったことを改めて知り、食物への関心を深めていきます。

「小さい芽があったね、斜めにして植えたね」と〇〇くん。

「夏、草取りしたから大きな芋ができたもんね」と〇〇ちゃん。

Part2 かまどを作ろう！

10月27日

作成図を見ながらブロックを運び並べます。大きな一輪手押し車も使いましたが、重さのバランスを考えて運んだり、数を数えて並べていくのも、年長さんらしい成長の様子が見られました。

たくさんのせてもバランスがとれます。

さあ、並べていくぞ！

Part 3　焼き芋の準備をしよう！
10月28日

準備した芋を友だちや、年齢の小さなクラスの子どもたちも食べるということで、子どもたちも丁寧に作業に取り組んでいました。担任が手を貸さなくても見事にできました。年長さんとして人の役に立てる喜びがあったようです。野菜切りを経験している子どもたちは、硬い芋も、包丁の背を使って上手にバランスをとりながら押し切りをすることができました。

小さな汚れも見落とさず洗います。

「かぼちゃより硬いね」
「包丁の背は切れないから大丈夫」

新聞紙を水で湿らせます。この加減は重要です。見本を確かめながら進めていきます。アルミホイルを巻いたらできあがり！

Part 4　焼き芋を作って食べよう！
10月28日

熱いけど、炭のところまで行って、えいっ！

園庭の時計の長い針が6になったら、できあがりだね。楽しみだな〜。

ホクホクしてるね。おいしいね。甘いね。

芋が苦手だった○○ちゃんもおかわり、みんなもおかわり。この後の給食は大丈夫かな？

子どもの成長・発達

今回の焼き芋体験では、苗植えから収穫までを振り返り、「食べることに感謝の気持ちをもつこと、また焼き芋の工程を体験し生活の知恵を得ること」をねらいとしました。ただ売っている物を買い、料理されたものを食べるだけでは、食物への関心や感謝の気持ちは育ちにくいでしょう。小学校へ上がっても食物への関心をもち、意欲的に食べてもらいたい。そのために園での野菜作りやクッキングなどを通して、子どもたちに生きる力の源である食物に対しての「ありがたさ」を伝えていきたいと思います。きっと苦手だった野菜も食べられるようになるのではと期待しています。

10月のあそびプロジェクトで主に育まれる幼児期の終わりまでに育ってほしい姿

○自然との関わり・生命尊重
○数量や図形、標識や文字などへの関心・感覚
○協同性
○社会生活との関わり
○言葉による伝え合い

11月

あそびプロジェクト

本格的に器楽合奏をしよう

年長児における器楽合奏の醍醐味は、ダイナミックな演奏を披露できること。それぞれの個性を発揮することができます。保育者も数人加わることで、さらに幅広い楽曲に取り組め、本格的な器楽合奏に挑戦します。

ねらい

ダイナミックな音響を意識した演奏を楽しむ。

1の前に……

5歳児と保育者で演奏しますが、あくまでも主役は子どもたちですから、保育者は伴奏や副旋律を担当します。全体の日程は10月初めに曲目（メドレー）を選定し、その曲のメロディーをピアノに合わせて歌で覚えるようにしています。またメロディーを覚えたら、曲の強弱や抑揚などに気をつけるようにしていきます。

1　メロディーを弾けるようにしよう

10月下旬には覚えたメロディーをキーボードや鍵盤ハーモニカなどでなぞりながら、だんだん弾ける自信がついてきます。その際に歌を歌った雰囲気を大切にしていきます。また、合奏をあそびの発展形と捉えているので、ピアノなどの指使いは気にしないようにしましょう。

2　様々な楽器の担当者を決め、それぞれの練習をしよう

各パートに分かれて、個人練習が始まります。打楽器や木琴など、それぞれの楽器の特性に合った練習をします。難しいところは、保育者に個人レッスンを受けます。
どの子も担当した楽器の取り扱いに責任をもち、共に愛着がもてるように指導しましょう。

３　それぞれ楽器を合わせ、合奏の練習をはじめよう

曲目の背景を知り、曲目のもつメロディーやテンポ、ハーモニーを楽器ごとに合わせます。例えばベースとメロディー、打楽器と保育者など、効果的に組み合わせて合奏を楽しみます。最後には、全員で指揮者と合わせながら音楽の楽しさを知ることが大切です。
大切なのは「必ずできるようになるよ」と伝えること、またどうしてそのように演奏するかを、一緒に考えながら進められるようにしましょう。

４　これまでの練習の成果を堂々と発表する

入場や退場・園児挨拶の練習をくり返すことにより、演奏会全体の雰囲気を味わっておきましょう。緊張しながらも本番に臨み、自分なりの力を思う存分に披露します。ダイナミックかつ繊細な演奏を指揮者と一緒に行えるようにしましょう。

本番前のワクワクやドキドキはとても大切です。髪を整えたり、白いワイシャツを着たりすること、そうやって普段とは違う非日常の世界（いわゆるハレの世界）を演出していきましょう。この緊張感が人を育てます。卒園式や発表会など特別な日は、緊張感と共に迎えます。緊張したら緊張したままでいいので、胸を張り、顔を上げ堂々としようとアドバイスしましょう。

保育のねらい　ダイナミックな音響を意識した演奏をする。

	活動内容	用意するもの・環境設定	望まれる子どもの姿	指導上の留意点
11/1	○大きなピアノ譜面を貼り、それに合わせて歌を歌いながら指の動きを知る。	○歌と指が一緒になるよう、くり返し練習をする。	○弾けない子がいて当然である。指使いを気にせず、できる箇所のみ覚えるようにする。	○簡単に弾ける箇所と弾けない箇所を選別し、できる範囲を確定させる。
11/8	○それぞれの楽器の分担が告げられ、意欲をもって練習に取り組む。	○与えられた楽器に対して懸命に取り組める環境設定と、個人レッスンをきちんと行う。	○楽器の担当が決まり意欲的な気持ちになるが、楽器によっては主旋律とは違うパートを覚えなくてはならず、苦労をする場面が見られる。	○自分の本意でない楽器になったとしても、それを担当する理由をきちんと述べる。
11/18	○指揮をする園長先生と合同練習をする。 ○他の楽器と個別に合わせ、徐々に合奏として取り組む。	○全体の音量の中の自分の音の大きさや、指揮者と相互コンタクトをとれる練習状況を把握して進める。	○自分の音と他の人の音とのバランスや、全体における自分の立ち位置を考える。	○音楽をつくっていくこと、それにより子どもたちが自信をもって進めるように留意する。
11/30　保育ドキュメント	○園内合奏発表会に参加し、これまでの成果を披露する。	○練習の成果を存分に発表できるよう、環境を整える。	○観客を前にして、緊張するのは当然なので、入退場や演奏時の照明の明るさなど本番と同じようなリハーサルを数回行う。	○緊張した中にも冷静になること、それには指揮者を見ること、メロディーをよく聞くことなど、熱い心と冷静な頭脳をもつことを話す。

＊11/30直前に園外発表を2度経験しました。

保育ドキュメント

園内合奏発表会

5歳児クラス	20名
保育者	1名

保育の記録

アドバイス

17:00

・最終リハーサル。
「これが最後の練習だよ」という声かけに真剣に各自取り組む。指揮者と合わせて素晴らしい音楽をつくっていこうとみんなで約束をして、控室で待つ。演奏用の服に着替えると、気合いが入っていく様子がうかがえる。

着替えをすることにより、普通の子どもから小さな演奏家に変身します。その気持ちを大切にしましょう。
着替えを終えたら、静かに心を落ち着けましょう。

18:15

・園児入場。
保護者や地域の方々の温かい拍手と共に、緊張した面持ちで入場する。

入場する姿は見ている保護者も緊張しますが、事前に自信をもたせ、堂々と入場できるようにしましょう。

18:20

・開会式(園長挨拶・園児挨拶)。

18:30

・演奏開始。
曲のもつイメージを大切にし、指揮者に合わせて、冷静に一生懸命に演奏する。曲の終盤は子どもたちが高揚していき感動的なラストを迎える。子どもたちは、やり終えた感激の面持ちでいる。

演奏には波があり、リハーサルがよくて本番がダメというときもあります。ですから、この日はリハーサルがとてもよくて心配しました。演奏はスロースタートでしたが、後半から個人の持ち味が発揮されて、最後は堂々のフィナーレでした。園内合奏の直前に2回、演奏した実績も生かされていると思いました。

18:45

・演奏終了。
万雷の拍手に応え、アンコールを行う。

18:50

・閉会式・園児退場。
来賓よりおほめの言葉をいただき、園児はお礼を述べる。
・観客に手を振り退場する。

園児は演奏中とは別人のように子どもらしく、このギャップは素敵だと思います。照れている子や恥ずかしがっている子も含め、愛らしい姿は地域の方々や保護者にとっても幸せな時間だと感じました。

→ ドキュメンテーション Part4に掲載

保育ドキュメンテーション

20XX年

11月

本格的に器楽合奏をしよう

11月、当園の5歳児は器楽合奏を披露する機会が3度あります。今回は最終の園内発表会までをドキュメンテーションしていますが、それまでの練習の積み重ねや本番を通して子どもたちがいかに関わってきたか、そして何を学んだのかを大切にし、器楽合奏の取り組みの一端を紹介します。

Part 1　大きなピアノ譜面を貼り、それに合わせて歌を歌いながら指の動きを知る

11月1日

これまで歌を通して覚えている音をピアノで弾くという作業で、声から楽器に変換していきます。
このことから、声では表現できないことが表出される驚きを感じます。

Part 2　意欲を持ち練習に取り組む

11月8日

楽器の分担を決めます。全員で覚えるメロディー、またそれぞれに覚えるメロディーがあります。特に打楽器の人はメロディーを覚えることによって後の練習に役立つので、メロディー楽器のそばで練習します。保育者はベースを弾いたり、和音を弾いたりしてそれぞれに合わせていきます。

Part 3　徐々に合奏として取り組む

11月18日

保育者の指示に合わせて他の楽器と個別に合わせていきます。指揮者と一緒に練習をし、適正な音量で演奏することと共に指揮者を見るという習慣（呼吸を共にする）や曲想を共有することができるようになります。これらを積み重ね、一つの楽曲として園児と保育者が一緒に演奏する合奏というスタイルに近づけていきます。

Part4 園内合奏発表会に参加し、成果を披露する

11月30日

曲のもつイメージを大切にし、指揮者に合わせて、冷静に一生懸命に演奏しました。曲の終盤は子どもたちが上気していき、感動的なラストを迎えました。子どもたちは、やり終えた感激の面持ちでした。

子どもの成長・発達

なぜ器楽合奏を始めたのかという質問があります。この時期の子どもに本格的に歌を教えることは体力的にも、また声量的にも大変難しいのです。質的なことを伴うので比べることはナンセンスですが、その意味ではマーチングや和太鼓・合奏は歌に比べれば比較的容易だからです。

子どもたちと音楽を行うときには二つの大きな要素があります。一つは、子どもたちが演奏者として、合奏をしていることが楽しくてたまらないと感じられるようになるまで、保育者がきちんと関わることです。自分の思いどおりに弾けたり、たたけたりするようになること、つまり基礎が身についてはじめて、音楽の世界に触れたり、他の人と協調して演奏する楽しさを知ることができるのです。もう一つは悲しい・嬉しいといった心の動きなど、物事を「シンボライズ（※）」する「音楽の力」に触れることです。音楽は抽象的で目に見えないものですが、演奏することによって目に見えない気持ちや思いを表現することができます。合奏は歌のように歌詞という直接表現とは違い、楽器による表現はさらにシンボライズされます。楽譜を演奏するだけではなく、その裏側にある音楽のもつ力を味わえたらと思います。

※シンボライズ…かたどること。象徴すること。

11月のあそびプロジェクトで主に育まれる幼児期の終わりまでに育ってほしい姿

○豊かな感性と表現
○協同性
○自立心
○言葉による伝え合い

あそびプロジェクト

大掃除をしよう！

12月は年末に向け、［大掃除］をします。基本的な生活習慣として、掃除の仕方を知ることができるようにしましょう。また、清潔な環境で過ごす気持ちよさがわかり、気持ちよく新年を迎える心を育てましょう。

1 年末って何？　新年って何？

プロジェクトの導入として、行事を楽しみながら年末が近づいていることを知らせましょう。クリスマスや正月、干支の絵本や紙芝居を通して、新しい年を迎えることを知らせ、気持ちよく新年を迎える心を育てましょう。

クリスマスが終わると、もうすぐ年末だね。
今年はうまどしだけど
12月31日が終わると新しい年になり、
ひつじどしに変わります。
新しい年を気持ちよく迎えるために、
整理整頓や大掃除をしましょう。

12月を迎えるまでに、日々の保育の中で身の回りの片づけをする曜日を決め、制服や衣類をたたんだり、カバンをフックに掛けたり、片づけをしたりする経験を積み重ねておきましょう。当番活動などで、雑巾・ほうき・モップ・掃除機などの掃除道具を知り、「拭く」・「掃く」といった日々の掃除を経験しておきましょう。

2 雑巾を縫おう

掃除で使う雑巾を自分で縫います。

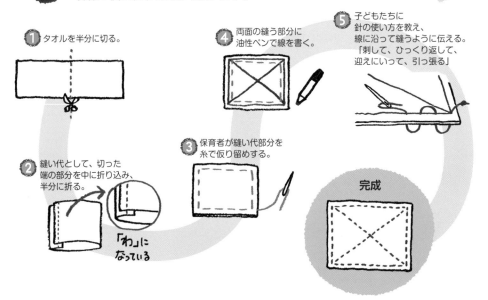

① タオルを半分に切る。

② 縫い代として、切った端の部分を中に折り込み、半分に折る。
「わ」になっている

③ 保育者が縫い代部分を糸で仮り留めする。

④ 両面の縫う部分に油性ペンで線を書く。

⑤ 子どもたちに針の使い方を教え、線に沿って縫うように伝える。「刺して、ひっくり返して、迎えにいって、引っ張る」

完成

雑巾を縫いながら、自分で作った道具を使ってみたいという『したくなる気持ち』を膨らませましょう。また、針の根本的なことや、間違った使い方をしたときに起こることなどをしっかりと伝えるようにしましょう。そうすることで、怪我をする可能性のある道具も使えるようになります。怖がらずにきちんと経験させてあげましょう。

（卒園記念に作る「袋」製作の練習となる）

3　掃除の計画を立てる

大掃除をして、気持ちよく新年を迎えましょう！　道具やあそんだおもちゃ、個人のロッカーなどを、子どもたちと一緒に確認します。その後、子どもたちと大掃除の計画を立てましょう。

まずは、子どもたちと一緒に大掃除が必要な場所を話し合います。子どもたちがその場所に気づいていないときは、いろいろなヒントを出して自分たちで気づけるように促しましょう。
大掃除の計画は、子どもたちの集中力が持続する30分を目安にしましょう。30分で終えられそうにないときは、日を変えることも必要です。

4　子どもたちと大掃除にチャレンジ

実際に大掃除をする前に、紙くずを集めるあそびをしてから、本番の大掃除にうつるとよいでしょう。あそびを通して、道具の使い方を身につけられ、子どもたちも楽しめるでしょう。

日程が決まれば、次は道具の使い方や掃除の仕方について話し合い確認しましょう。子どもたちが喜びそうなカラフルでかわいいほうきとちりとりを用意し、まずは練習として保育室の中で、紙くずを集めるあそびをしましょう。
その後、自分たちのロッカーを見ながら、掃除するには今入っている物をどうすればよいか気づけるような声かけをしましょう。きれいになったら、どんな気持ちになるか、自分だけではなく、みんなにも同じ気持ちを感じてほしいと思えるように促しましょう。

5　子どもたち、それぞれの気づき

きれいになったね！
汚いけど、片づけられた。
片づけながら、いらない物を捨てると楽だね。
きれいだと、気持ちがいいね。
みんなで力を合わせたら、机が運べたね。
いすもたくさんあったけど、みんなで掃除すると早かったね。
大掃除って新しい年が来る前にするんだね。
小学校へ行ったら、誰が掃除するんだろう。
いつも掃除してくれてるのは誰？（家・園）

保育のねらい

友だちと協力して掃除をし、清潔な環境で過ごす気持ちよさを知り、新たな年を迎える気持ちをもつ。

	活動内容	用意するもの・環境設定	望まれる子どもの姿	指導上の留意点
年末に向けて	○クリスマス会・もちつきの行事に参加し、年末に向けた生活をしている。	○クリスマス・干支・正月や冬を感じる絵本・紙芝居	○それぞれの行事を楽しんでいる。 ○紙芝居や絵本を通して、冬になり、クリスマスが過ぎると、新しい年になることを知る。	○一年間を振り返りながら、年末に行う行事があり、それが終わると、新しい年になることが理解できるよう指導する。
12/19	○雑巾を縫う。	○太くて長い布団針と粘土を使って注意事項を伝える（糸を通す方と刺す方の違い。粘土を使い、力を入れるとどこまでも入ること。自分の幅から外に出さない、など）。	○保育者の注意事項をよく聞き、真似をし、怪我をしないよう注意しながら雑巾を縫っている。	○自分で作った道具を持つことで、意欲につながるよう導く。
12/20	○大掃除の計画を立てる。	○最初はスクール形式で座り、保育者の説明を聞き、その後グループで話し合う。	○掃除する場所を自分たちなりに考え、声に出している。 ○身の回りの掃除だけでなく、保育室や園全体をきれいにしたいと意欲をもっている。	○普通の掃除とは違うことを伝えながら、子どもたちの声をひろう。 ○集中できる時間を考え、1日30分以内の計画になるよう導く。
12/24 保育ドキュメント	○大掃除 1 身の回りの片づけ（自分のロッカーの掃除）	○自分が縫った雑巾 ○ほうき ○ちりとり ○ロッカーから出した物を置く机	○ロッカーから順序よく私物を出し、段ごとにきれいにし、終わったところから、荷物を戻していく。	○物を出さないと掃除ができないことに気づかせる。 ○ロッカーの隣り同士でペアをつくり、でき具合を互いで確認する。
12/25	○大掃除 2 保育室を掃除する（グループで掃除する）	○自分が縫った雑巾 ○ほうき　○ちりとり ○ピアノやオルガン、机やいすといった日々の保育生活で使う物をきれいにする。	○友だちと協力し、声かけをしながら掃除している。 ○机やいすを友だちと協力しながら運んでいる。	○自分たちが使っているものをきれいにする気持ちよさを感じさせる。 ○掃除後に、きれいになったことを共有できる時間をつくる。
12/26	○大掃除 3 園内を掃除する（廊下や園庭など）	○自分が縫った雑巾 ○ほうき　○ちりとり ○竹ぼうき　○鉄バサミ	○自分で作った雑巾を使い、楽しそうに廊下を拭いている。 ○園庭では落ち葉に興味をもちながら、掃いたり鉄バサミで拾ったりしている。	○園内を掃除することで、掃除がみんなの役に立つことに気づかせ、それぞれの達成感を引き出す。
12/27	○大掃除をして感じたことを話し合う。	○整理整頓され、清潔な環境が整った部屋を見せ、その気持ちよさや安全性を子どもと一緒に確認する。	○整った環境を見て、喜び、それぞれに感想を声に出して伝えている。	○整った部屋を見ながら、家や園で、誰が清潔で安全な環境を整えてくれているか理解でき、見守られていることが理解できるよう導く。

保育ドキュメント

大掃除

5歳児クラス　**20**名
保育者　**1**名

保育の記録　　　アドバイス

10:30

・自分たちで決めた大掃除の計画通り、掃除を進めた。
・自分で作った雑巾をうれしそうに使っていたが、周りが水浸しになってしまった。

子どもたち主導の計画作りはよいのですが、行動予想が足りませんでしたね。雑巾の濡らし方や洗い方・絞り方を伝え、水道の周りにマットなどを敷いておく必要がありました。

10:35

・ロッカーの掃除を自分たちの思うようにやらせてみたが、ロッカーの中の荷物をどけるようにしながら拭いていた。

まずやらせてみることは大事ですが、事前の準備や段取りの声かけをし、次の行動に気づけるよう投げかけてからでもよかったですね。

10:40

・雑巾で拭く前に、用意してある机の上に荷物を出して拭くように伝えたが、思いついたまま中段や一番下の段から拭く子が複数おり、上を拭いたときのホコリが下に落ち、拭き直していた。

上から下へ掃除する。小さな原理ですが、この機会を逃さず、目の前の結果を見せながら伝えていきましょう。

10:50

・ロッカーの隣同士でペアになり、でき具合の確認をした。自分たちなりにきれいになっているところやそうでないところを教え合い、拭き直していた。

せっかくペアをつくったのですから、確認後も協力して拭いてもよかったですね。そうすると、お互いにありがとうという気持ちがもて、仲間意識も広がります。

11:00

・子どもたちからは、「園がきれいになったね」「きれいだと気持ちがいいね」「大掃除って新しい年が来る前にするんだね」といった声が上がり、みんな満足そうな顔をしていた。

関わった保育者だけでなく、他の保育者や園長先生に協力してもらい、大人たちが気づいた振りをし、「きれいになってるね」「すごいね！」とほめてもらうことで、さらなる達成感につながります。

→ ドキュメンテーション Part3に掲載 ▶

12月ドキュメント

ワンダーぐみ　保育ドキュメンテーション

20XX年
12月

大掃除って気持ちいいね

年末の大掃除に向けて、子どもたちと雑巾作りをしました。また、自分たちで大掃除の計画を立て、その通りに行う姿を見て成長を感じることができました。

Part 1 どうして大掃除をするの？

12月初旬〜中旬

大掃除を通して「嫌なことを引き受ける・きれいにする・気持ちがいい・みんなの役に立つ」といった感性や、「まじめにする・整理整頓する・園への愛着」など生活習慣や態度が育ちます。そこで、紙芝居を通して掃除に興味をもたせ、みんなで大掃除の必要性について話し合いました。3月に卒園し小学生になる年長児として、年末という一つの区切りに、身の回りのことができているか子どもたちと一緒に確認し、新年を迎えるにあたって新たな気持ちで「小学生になったら」という就学への期待感を育てていきました。

紙芝居を見て、掃除への興味がわいてきました。

ほうきとちりとりを使って、きれいにするんだね。

Part 2 雑巾を縫い、裁縫に挑戦！

12月19日

針という道具を使って作ることや、その針の使い方を知り、間違った使い方をすると自身の怪我につながったり、友だちに怪我をさせてしまうことを知ります。友だち同士で使い方を教え合ったり助け合ったりする気持ちが育ちます。また、掃除道具を自分で作ることで使ってみたいという意欲につながります。

やった〜！　できたっ！

みんなで計画した大掃除

12月20〜27日　子どもたちの集中力が続く時間を考え、掃除時間を1日30分とし、一緒に計画を立てました。「ロッカーを掃除する」、「机やいす、床を拭く」という声が出てきました。中には「園をきれいにする」といった嬉しい声も聞こえてきました。

大掃除でどこをきれいにするか、真剣に話し合っています。

最初はほうきとちりとりの練習。丸めた紙を上手に集めていました。

まずは棚の中を整理します。

「いつもありがとう！」という気持ちを込めて、一生懸命拭きました。

きれいな部屋になって、とっても気持ちがいいね。園長先生にほめられて、子どもたちは大喜び。

子どもの成長・発達

12月のあそびプロジェクトは「掃除の仕方、清潔な環境で過ごす気持ちよさを知り、新たな年を迎える準備をする」ことをねらいとしました。年長児になると、きれいなところで過ごす気持ちよさが理解できます。みんなで協力して計画し、掃除をしたきれいな環境で新しい年を迎える経験を積むことで、計画（準備・段取り）の大切さを経験し、気持ちのよい環境で新年を迎える心が育ちます。自分の家だけでなく、集団で過ごす場所を自ら・みんなで協力してきれいにすることで、その場所への愛着、嫌なことでも最後までするという忍耐力、みんなで協力する協調性、人の役に立つ達成感が育ち、整理整頓の習慣ができます。また、日々の整えられた環境を、保育者と一緒に振り返ることで、保護者や保育者が自分たちを見守ってくれていることにも気づいていきます。達成感や満足感から、家で「お手伝いがしたい」「雑巾で掃除がしたい」という言葉が出たときには、やろうとする意欲を大事にし、見守ってあげてください。無理なときにはその理由をきちんと伝えましょう。

12月のあそびプロジェクトで主に育まれる幼児期の終わりまでに育ってほしい姿

○社会生活との関わり
○道徳性・規範意識の芽生え
○協同性
○自立心
○豊かな感性と表現

1月

あそびプロジェクト

年賀状を使った郵便屋さんごっこ

日本の伝統である年賀状を書き、ポストに入れ、郵便屋さんに配達してもらいます。ごっこあそびを通して、日本の伝統や大人の仕事を知り、また文字や言葉に興味をもちましょう。

---

1 年賀状って何かな?

プロジェクトの導入として、正月にまつわる絵本や紙芝居を読みましょう。その後、なぜ年賀状を書くのか、正月にはどんなことをするのかを確認しましょう。

年賀状はどこで売っているの?

誰に年賀状を出すの?

どうやって届けるの?

年賀状の由来は『年始の挨拶回り』が姿を変えたものです。
挨拶に行けない人に、年始の挨拶を書いたのが始まりです。

2 年賀状を書こう!

誰に出したいのか確認し、年賀状を書きます。

表には、
届けたい人の
名前を書くことを
伝えます。

表

裏には、
『あけましておめでとう』
と書き、書きたい言葉や
絵をかくことを伝えます。

裏

＊宛名には「くん」「ちゃん」をつけることを伝えます。
　なぜ『あけましておめでとう』の言葉を使うのか説明しましょう。

年賀状はいつごろ広まったのでしょうか。

明治4年（1871年）に郵便制度が発足し、明治6年（1873年）に全国一律料金のはがきが発売されることになり、この制度の定着と日本に古くからあった「年始の挨拶回り」の伝統とが結びつきました。当初は、上流階級や知識人が和紙などに書いた年賀の言葉を封書で送っていましたが、次第にはがきが主流になりました。

 年賀状を使った郵便屋さんごっこをしよう!

年賀状をポストに入れ、郵便屋さんに配達してもらいます。
また、「郵便屋さんごっこをするなら、ポストや帽子、カバンを作りたい」と子どもたちの話の中から出てきたら、それらの道具を作ってみましょう。

あそび方

① 手作りポストに年賀状を入れる。

② 郵便屋さんをどのように決めるか、話し合う。

③ 郵便屋さんは帽子をかぶり、カバンに年賀状を入れ、配達する。

④ 手渡すときの言葉を話し合い、宛名の友だちに渡す。

ポストに入れた『はがき』はどうやって届くのかな?

郵便屋さんは何と言って『はがき』を渡すのかな?

みんなはどうやって渡したらいいと思う?

 文字や言葉の大切さの確認

あそびの中で感じたことを話し合い、日本の伝統、大人の仕事を知り、文字や言葉で気持ちを伝える大切さを感じ取る。

年賀状を書くとき、『あけましておめでとう』の他にどんなことを書いた?

気持ちは、言葉や文字で伝えられるんだよ。

年賀状を受け取って、どんな気持ちだった?

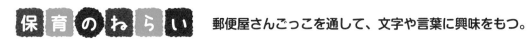

保育のねらい　郵便屋さんごっこを通して、文字や言葉に興味をもつ。

	活動内容	用意するもの・環境設定	望まれる子どもの姿	指導上の留意点
12/27	○正月の伝統・習慣についての絵本を読む。 ○年賀状について知る。	○正月の伝統・習慣についての絵本、または紙芝居	○年賀状に興味をもつ。 ○年賀状を書く意味を知る。	○正月の伝統である年賀状には意味があることを子どもが理解できるように導く。
12/28	○年賀状を書く。	○年賀状の用紙 ○カラーペン ○のり ○飾り用の色画用紙 ○ポスト	○年賀状を書いてみる。 ○書くことが苦手な子は、色画用紙で模様を作り、貼ってみる。	○年賀状の表と裏では書くことが違うことを知らせる。 ○文字の得意な子が苦手な子に教え、できるだけ自分たちで書くようにする。
1/6	○郵便屋さんについての絵本を読む。 ○郵便屋さん年賀状配達一日目。	○郵便屋さんについての絵本、または紙芝居 ○郵便屋さん用の帽子とカバン	○郵便屋さんに興味をもつ。 ○郵便屋さんの仕事を知る。 ○みんなで郵便屋さんをするにはどうすればよいか、話し合う。 ○郵便配達をする。	○郵便屋さんの仕事を説明し、大人の仕事の大切さに気づかせる。 ○郵便配達を通して、文字を読むことの楽しさに気づかせる。
1/7	○郵便屋さん年賀状配達二日目。 ○話し合い。	○郵便屋さん用の帽子とカバン ○話し合うためのスペース	○郵便配達をする。 ○年賀状を書いているときや、受け取ったときの気持ちを話し合い、文字や言葉の楽しさを知る。	○話し合いでは、文字を書いたり読んだりすることをどう思ったのか、発言を引き出す。

保育ドキュメント

保育ドキュメント

郵便屋さんごっこ

5歳児クラス **15**名

保育者 **1**名

保育の記録

10:00

郵便屋さんごっこも二日目なのでスムーズに手渡しできていた。
慣れたせいか、手渡すときの言葉がぞんざいな子も見られた。

10:30

それぞれに届いた年賀状を、みんなの前で一人ずつ読み上げた。

11:00

保育者が子どもたちに、年賀状を書いたこと、受け取ったりしたときに感じたことを聞いた。〇〇ちゃんがロロちゃんから受け取った年賀状に、「いつもあそんでくれて、ありがとう」と書いてあり、嬉しかったとの発表をした。これをきっかけに、文字や言葉について感じたことを話し合った。

アドバイス

郵便屋さんが配達する前に、手渡すとき、受け取るときの挨拶の仕方をもう一度確認すればよかったですね。

読み方が遅かったり、うまく読めない子には言葉かけをしましたか。子どもが自信を失うことは、避けましょう。

自分が感じたことを自分の言葉で話すことは、話し手の話す力が育つだけでなく、聞き手にとっても聞く力が育つことになります。言語を獲得する上で、大切な経験ですね。

今回のプロジェクトでは、自分から言葉に興味をもち、活動する姿が見られました。こうしたあそびの中での体験が、小学校へ入学してからの学習意欲へとつながっていきます。

→ ドキュメンテーション Part3に掲載 ▶

ワンダーぐみ　保育ドキュメンテーション

20XX年
1月

年賀状を使った郵便屋さんごっこ

日本の正月ならではの伝統である年賀状を書き、郵便屋さんごっこであそびました。文字を教え合ったり、郵便屋さんごっこでは配達するときの言葉を話し合ったり、年長児らしい様子に成長を感じました。

どうして正月には年賀状を書くのかな？

12月27日

正月の伝統がわかる絵本を読みました。年賀状を書き、親しい人に出すことが新年を祝う挨拶であることを知り、友だちの大切さや、人を思いやる気持ちに気づきました。

年賀状を書こう！

12月28日

年長児だけでなく、3・4歳児も一緒に年賀状を書きます。表に宛名を書くこと、裏に挨拶文を書くことを確認します。思い思いに友だちに伝えたいことや好きな絵をかくことができるのも、年長児として成長したからです。

友だちと話し合いながら書くのは楽しいね。

わからないところは友だちに聞いて書き、
友だち同士で助け合います。

どうしてもわからないところは、
保育者に何がわからないのか伝え、聞きます。

郵便屋さんになろう!

1月6・7日

みんなで書いた年賀状を、年長児が郵便屋さんになり、配達しました。手渡すときの言葉も、みんなでどのようにすればいいかを話し合いました。

書いたら
ポストに入れます。

ぼくも私も、郵便屋さん。みんなで郵便配達の仕事を疑似体験します。

表に書いてある名前を見て渡します。

渡すときは、友だちに「年賀状です」といって手渡します。

子どもの成長・発達

　1月のあそびプロジェクトは「郵便屋さんごっこで文字・言葉に興味をもつ」ことをねらいとしました。興味をもつということは自分から関わっていくことであり、小学校へ入学してからの文字・言葉に対する学習意欲にもつながります。あそびを通し、文字・言葉に関わっていく体験を重ねることが大切です。文字や言葉を無理に教え込むことは避けましょう。

1月のあそびプロジェクトで主に育まれる幼児期の終わりまでに育ってほしい姿

○社会生活との関わり
○数量や図形、標識や文字などへの関心・感覚
○言葉による伝え合い
○協同性
○豊かな感性と表現

2月

あそびプロジェクト

豆まきから
クッキングまで

園では恒例行事である、『豆まき会』。
「どうして豆なの?」「どんな豆?」
そんな子どもたちの素朴な疑問に答え
つつ、身近な食品にも豆（大豆）から
できているものがたくさんあることを
知り、新しい発見をしましょう。

1　豆まきってなあに?

節分にまつわる絵本や紙芝居を読み、どうして豆まきをするのかについて理解を
深めましょう。

「自分の中に悪い鬼が
いるのかな」「どこか
ら鬼が来るのかな」と、
不安そうな子どもたち。

節分とは……

「季節を分ける」ことを意味し、本来は立春・立夏・立秋・立冬の前日のこと。季節
の変わり目には邪気が入りやすいので、その邪気を払うために豆まきをします。
豆まきでは、拾い忘れた豆から芽が出ると縁起が悪いので、炒った大豆を使います。
また、火を入れると大豆がより硬くなり、鬼にぶつけて退治するのに都合がよいから
とも言われています。

2　鬼の帽子・豆入れ作り

紙芝居を見たあと、不安そうな顔をする子どもたち。そんな中、「ぼくは鬼を
やっつけられる！」という声が聞こえてきました。そこから、鬼の帽子と豆入れ
作りに発展していきます。

鬼の帽子

丸めた毛糸を
接着剤で貼る。

紙コップを
紙皿に貼る。

紙皿に穴を開けて
ひもを通し結ぶ。

毛糸を
紙皿の縁に
貼る。

豆入れ

牛乳パックに画用紙の顔と
パンツを貼って作る。

3 豆まき会をしよう!

鬼の帽子・豆入れを作ったので、それらを使って、みんなで豆まき会をしましょう。
落ちている豆は拾って食べないように、声をかけましょう。

4 豆(大豆)からできているものは?

豆まきを通して「豆は鬼をやっつけるんだ」「豆は強いんだ」と気づいた子どもたち。豆に興味をもったところで、みんなで豆について考えてみましょう。まずは、絵本や写真を見ながら、どれが豆からできている食べ物か、考えてみましょう。その後、用意しておいた豆からできた食品を見てみましょう。

5 豆を使った料理にチャレンジ!

豆からできているものの中から、子どもたちで作れる「おからクッキー」に挑戦します。どんな材料を使うのかを事前に話し合い、準備しておきます。中には「おから」を初めて見る子もいます。初めてだからこそ、興味がわき、意欲をそそるようにしていきましょう。

おからクッキー 材料 おから・薄力粉・バター・卵・ベーキングパウダー
砂糖・バニラエッセンス

作り方

1. 卵は常温に戻しておく。
2. バターをボウルに入れて、砂糖を加えながら白くなるまでよく混ぜ合わせる。
3. 卵の黄身だけを数回に分けて混ぜていく。
4. ふるいにかけた薄力粉とベーキングパウダーを、数回に分けて混ぜていく。
5. バニラエッセンスを数滴入れる。
6. おからを少しずつ入れ、できた生地をのばす。
7. 型で抜き、ホットプレートで焼く。

※豆(大豆)から豆腐ができる過程において、おからができることも確認しておきましょう。

 節分を通して豆や食べ物に興味をもち、共同でクッキングをして共感意識を高める。

	活動内容	用意するもの・環境設定	望まれる子どもの姿	指導上の留意点
1/29	○由来の絵本や紙芝居を見る。 ○鬼の帽子を作る。 ○豆入れを作る。	○節分にまつわる絵本、または紙芝居 ○できあがった鬼の帽子・豆入れの見本 ○画用紙　○紙コップ ○はさみ　○紙皿 ○接着剤　○ひも ○牛乳パック ○毛糸	○節分の由来を知る。 ○切ったり、貼ったり、自分なりに顔を作っていく。	○子どもが理解できるように行事の由来について説明する。 ○心の中にある鬼を消し去るようなイメージをもたせる。 ○苦手な子には友だちが手を貸すなど、一緒に作業をして作りあげた達成感を味わえるようにする。
2/3	○豆まきを行う。	○動き回るための、広くて安全な場所	○歌を歌ったり、話を聞いたりする。 ○鬼が登場し、豆まきをする。	○恐怖心を過度に抱かせないようにしていく。 ○落ちている豆を拾って食べないように、声かけをする。
2/4	○豆（大豆）からできる豆腐など様々な食品を知る。	○絵本や食品サンプルを置いておく。 ○写真や本物の食品を準備しておく。	○絵本やサンプルを見ながら、食べたことのあるものについて、友だちと会話を楽しむ。	○豆・米・もちなど、昔から伝わる食材を通じて食や料理に興味がわくように関わる。
2/5 保育ドキュメント	○おからクッキーを作る。	○おから　○バター ○薄力粉　○砂糖 ○卵　　　○ラップ ○バニラエッセンス ○ベーキングパウダー ○ホットプレート ○事前に子どもたちをグループ分けしておく。	○エプロン、三角巾を子ども同士でつけ合う。 ○会話を楽しみながら、材料を混ぜ合わせる。 ○好きな形に整える。 ○子ども同士で手伝う。	○クッキング活動に期待が膨らむように、子どもたちと一緒に準備をする。 ○グループごとの共同作業を通して達成感を味わえるようにする。 ○うまくできない子の側につく。

2月 保育のねらい

保育ドキュメント

おからクッキー作り

5歳児クラス	20名
保育者	1名

保育の記録

アドバイス

10:00

グループに分かれたので対抗意識が芽生え、簡単な作業だったこともあり、スムーズにできた。混ぜている最中には、「粘土みたいだね」「やわらかいね！」という声が聞かれた。初めてお菓子作りをする子どもについては、一緒に作るようにした。

すぐできる子とできない子など、その子によってスピードが違うので、混ぜ方などは、もっと丁寧に指導してもよかったですね。

10:10

「私、家でクッキーを作ったことがあるよ」「大丈夫だからやってみて！」と、グループの中で女の子が男の子をリードし、クッキーの形作りが始まった。みんなで作りたい形などを相談したり、不慣れな子は慣れている子の真似をしたりしながら進めていった。

他のグループはどんなのを作っているのかなど、投げかけてもよかったと思います。

10:40

うまくできない子には、「この型を使えばいいんだよ」「これ、貸してあげる」などと、友だち同士でどうすればうまくできるのか指導したり、手伝ってあげたりしていた。
ホットプレートを使うのでやけどしないように配慮する。

次に進むためには、子どもの気持ちをくみ取り、配慮することが必要です。

11:10

「私のはこれだ」「ぼくのはどれかな？」などと、できあがったクッキーを並べ、見せ合いながらよいところをほめ合ったり、子どものアイデアでできたところを話し合った。次回のクッキングへの期待と意欲が高まった。

できあがったものを見て感じたことを話すのは、子どもたちの話す力を育てることにつながります。また、相手の作ったものについて話すことは、観察力が必要となります。
今回のクッキングは協力・友だち同士の助け合い・自分なりの工夫があったと思います。
食育もかねながら、正しい食生活へとつながってほしいです。

→ ドキュメンテーション Part5に掲載

2月ドキュメント

ワンダーぐみ

20XX年

2月

保育ドキュメンテーション

豆まきからクッキングまで
おからクッキーを作ろう！

節分の豆まきから、行事の由来や食べ物の役割、豆からできる食品は何かなどを伝えていきました。中には驚くような発見も……。

Part 1 どうして豆をまくの？

1月29日

節分の由来の絵本を読みました。自分たちの中にいる悪い鬼の話をしはじめ、「やっつけよう！」という気持ちへ発展しました。

「悪い鬼はいませ～ん」と手をあげる子どもたち。

Part 2 鬼の帽子と豆入れ作りに挑戦

1月29日

保育者の指導のもと、目・鼻・口を切り、貼っていきます。年長ともなると、一人で最後までできますね。

「ぼくの鬼さん、かっこいいでしょ！」

Part 3 いざ、豆まき会

2月3日

鬼が出てくると、子どもたちは怖くて逃げ出してしまいました。

最後は鬼も一緒に、にっこり笑顔でハイポーズ。

Part4 これも豆（大豆）からできているの？

2月4日

豆や豆の加工品を子どもたちと見ました。「この豆が、こんなふうに変わるんだね」。子どもたちは驚きが隠せないようでした。

豆からできていると思うものを、せーので指差したよ。

この豆から、こんなにいろいろなものが作られているなんて、びっくりだね！

Part5 おからクッキー作り

2月5日

4チームに分かれて生地作りから始めます。バターに砂糖を混ぜ、卵を加えるまでは順調でした。そこに粉を入れると固くなり、子どもの力で混ぜ合わせるのは少し難しかったようです。次におからを入れると、今度は水分がありすぎて柔らかくなったので少し小麦粉を足し、ようやく生地が完成、できあがった生地を丸棒でのばし、広げていきます。いざ型抜き。どの子も上手にできました。生地がなくなると、またくり返し……。グループで楽しく会話を広げながら笑顔も見られました。小さな、小さなパティシエたちです。

まずは材料を混ぜ合わせました。

みんなで力を合わせて生地をのばします。

火傷しないように気をつけて、ホットプレートで焼きました。

上手にできたよ、大成功！

子どもの成長・発達

日本伝統の行事から食生活に関心を向け、友だち同士で協力し、共同作業をしました。これは、小学校へ入学してからの主体的な学習意欲を培うためにも大切なことです。これからも友だちと関わりながら、心身共に成長していってほしいものです。

2月のあそびプロジェクトで主に育まれる幼児期の終わりまでに育ってほしい姿

○社会生活との関わり　　○言葉による伝え合い
○自然との関わり・生命尊重　　○思考力の芽生え
○協同性

3月

あそびプロジェクト

思い出文集作り

クラス全員で行う、思い出文集作りを通して一年を振り返り、クラスみんなで思い出を共有しましょう。クラスみんなでできあがった文集を保育者にプレゼントすることで、感謝の気持ちを伝えます。

1 楽しかったことを振り返ろう

子どもたちと一緒に、カレンダーや写真・ビデオを見ながら、一年間の活動を振り返りましょう。たくさんの思い出が出てきたら、その中から好きなものを一つ選びましょう。

○○くんがかっこよかった。

どんなことがあったかな。

ぼくはこんなこともやったよ。

私覚えてる！

2 思い出お絵描き・言葉を添える

記憶の中のイメージを絵で描いて表現します。事前に話し合った中で思い出した場面を、自由に描き、一言コメントを添えましょう。そして、みんなの作品をまとめて絵日記（文集）を作ります。

文集の構成

1		2	
表紙	園長先生の挨拶	思い出絵日記	クラスの友だち紹介（自己紹介）

3		4	
お世話になった先生の似顔絵	先生方からのメッセージ	手形	裏表紙

③ 自己紹介・先生の似顔絵描き

クラスの友だち紹介（自己紹介）の部分は、共通の質問を設定し、子どもたちが答える形で自己紹介をし、自分の似顔絵と共に記載します。また、保育者の似顔絵は、子ども同士で話し合い、子どもと保育者、二人一組になるようにペアを作り、子どもたちがペアになった保育者の似顔絵を描きます。

クラスの友だち紹介（自己紹介）
1ページに二人ずつ配置する。

似顔絵	①名前 ②好きな食べ物 ③園の思い出 ④大きくなったら……

④ 手形押し

最後に自分の手形を押します。どんな色を使うか、どんな形にするかは子どもたちが選んで決めます。

⑤ 保育者にプレゼントします

子どもたちから集めた絵日記を1冊にまとめ、人数分コピーして文集にします。できあがった文集は、誰がどの保育者に渡すかを話し合いながら決めて、全員の保育者に手渡しします。渡すときにはお礼の言葉を添えるようにしましょう。もちろん子どもたちにも1冊ずつ、大切な記念として渡します。

⑥ 子どもの気づきを促す

園ではいろいろな思い出ができた、友だちもたくさんできた、小学校に行ってもがんばろう、という気持ちをもってくれるように、環境を設定したり声かけをしたりします。

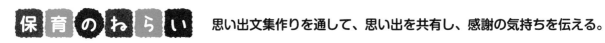 思い出文集作りを通して、思い出を共有し、感謝の気持ちを伝える。

	活動内容	用意するもの・環境設定	望まれる子どもの姿	指導上の留意点
3/9	○思い出を振り返る。	○カレンダー ○写真 ○ビデオ	○どんなことがあったかを思い出して嬉しそうに話す。	○カレンダーや写真・ビデオを用いて思い出せるよう促す。
3/10	○思い出を選ぶ。	○ホワイトボード ○ペン	○どれにするか迷う。 ○楽しそうに選ぶ。	○選びやすいようにホワイトボードに書く。
3/11 〜 3/13 保育ドキュメント	○思い出絵日記作り ①絵付け ②文章作り ③読み合わせ	○鉛筆 ○ペン ○カラー画用紙	○ピックアップした場面を描く。	○自由な雰囲気で作れるようにする。いろいろな色を選ぶことができるようにする。
3/14	○自己紹介・保育者の似顔絵描きをする。	○ペン	○そのときのことを思い出して、感謝の気持ちを書く。	○書けない字を教えるなど、書きやすいように援助する。 ○作った文集は子どもたちも、もらえることを伝える。
3/17	○表紙用のぬりえをする。 ○手形部分を作成する。	○表紙用ぬりえ ○手形用インク ○カラー画用紙	○思い思いの絵を描こうとする。友だちと見せ合いながら手形を押す。	○うまく手形が押せるよう援助する。
卒園式 前日	○製本・手渡し		○みんなで声を合わせてお礼の言葉を言う。 ○手渡すときに嬉しそうにする。	

保育ドキュメント

思い出文集作り

5歳児クラス	16名
保育者	1名

保育の記録

アドバイス

10:00

これまでに描いた絵を見直して、どんな言葉を書くかそれぞれが考えていた。
「年長になって何をしたか覚えてる?」と声をかけると「もう忘れたー」「運動会オレー等だった」「夕涼み会、スイカ割りした」と次々と話し始めたので「一つひとつ思い出してみよう」と促した。

子どもたちがこの一年間で体験したことを思い出しやすい環境をつくると共に、子どもたちが自ら思い出すように促すことも必要です。

10:10

「何を書くか迷う」という声が出たので、下書きで練習してから、清書するように話す。思い出せない言葉やわからないところがあるときは、友だち同士で「こうすればいいよ」と教え合う姿が見られた。

子どもの選択に任せながらも、適切な言葉を選択できるように準備したり、言い換えたりすることで語いが豊かになります。

10:30

できた絵日記を友だち同士で見せ合ったり、「先生できたよ。どう?」と保育者に見せに来たりしていた。「よく覚えてたね」などと言われると、「このときのこと覚えてるんだよ」と嬉しそうに話していた。

全員分がそろうまでに、友だち同士で楽しめるような雰囲気づくりが大切です。

11:00

できあがった絵日記を集めて、「これ文集って言って思い出の本になるんだよ」と、一つの絵日記(文集)になることを伝えると「みんながもらえるの?」と聞き、みんなにもらえることがわかると喜んでいた。

それぞれ作ったものが、世界に一つしかない文集になること、自分もかけがえのない一人であることを意識することが大事です。

→ ドキュメンテーション Part2に掲載

ワンダーぐみ　保育ドキュメンテーション

思い出文集作り

園で過ごした日々を、記憶をたどって思い出しました。いろいろなことをして成長した自分を確認すると同時に、保育者や友だちに感謝の気持ちをもつことができました。

Part**1** 園生活を振り返ります

3月9・10日

まずは園での生活でどんなことをやってきたかを出し合いました。

遠足や運動会、
他にはどんなことをしたかな?

Part**2** 思い出絵日記作り

3月11〜13日

いろいろ思い出した中で、特に心に残っていることを選びます。選んだ思い出について絵日記を書きます。

「何にしようかなぁ?」と一生懸命考えました。

「ぼくは運動会が楽しかった」と〇〇くん。

3月ドキュメンテーション

Part3 自己紹介と保育者の似顔絵作り、手形押し

3月14・17日

自分のことやお世話になった保育者を、似顔絵と一言コメントで表現します。最後に手形を押して完成です。

Part4 先生に手渡しプレゼント

3月
卒園式前日

できた思い出文集をそれぞれの保育者に手渡し、みんなでお礼の言葉を言いました。子ども一人ひとりも、文集を嬉しそうに持ち帰りました。

「先生、今までありがとう！」
とお礼の言葉と一緒に渡しました。

子どもの成長・発達

3月は卒園を前にして卒園文集作りを計画しました。文集作りを通して一年を振り返り、自身の成長を確認すること、友だちとの絆を深めること、また保育者に手渡しすることで感謝の心を育てることがねらいです。

友だちと話し合ったり、保育者に聞いたり、今までの活動で作ったものや写真などを見ながら思い出を言葉にしていきました。そして、小学生になればもっと楽しいことが待っているという期待につなげます。ご家庭でも持ち帰った文集を子どもと見ながら、園生活を振り返り、子どもの成長を感じるような時間をつくってみてはいかがでしょうか。

3月のあそびプロジェクトで主に育まれる幼児期の終わりまでに育ってほしい姿

○数量や図形、標識や文字などへの関心・感覚
○協同性
○言葉による伝え合い
○豊かな感性と表現
○自立心

あそびの力

子どもにとってあそびはどんな意味をもつのでしょう。幼児期の子どもたちはあそびながら様々な資質や能力を身につけていきます。あそびは、子どもにとって生きること、そして学びそのものです。集中して好きなあそびに取り組むことで丈夫な体がつくられ、豊かな人間関係が育まれ、知的探究心が芽生えていきます。自発的にあそびに没頭することで主体性を身につけ、いろいろな経験を積み重ねることで生きる力を育む源になるものがあそびと言えるでしょう。
5領域の中から考えてみましょう。

健康………縄跳びを例にとると、最初はうまく跳べない子どもが、練習して少しずつ跳べるようになると、自信をもつようになります。この自信が自己肯定感となり、できないことは努力してがんばろうとする力につながっていきます。このような経験を積み重ねることで、困難にぶつかっていこうとする心情・意欲・態度が身につき、それが後々の「生きる力」となっていきます。

人間関係………必ず5歳児が経験するあそびの一つに鬼ごっこがあります。最初は楽しくあそべていた鬼ごっこですが、思い通りにいかないこともあります。「ぼく、わたしばかり」「もう鬼はいやだ」などの意見から友だちの気持ちに気づき、どうやったら鬼ごっこを続けることができるのか話し合いを通して、解決の方法を試行錯誤し、新しいルールをつくり、あそびを展開させていきます。みんなで考えつくり上げたルールを守り、ゲームが成り立つ喜びを経験することで、規範意識や道徳性が培われていきます。このような葛藤や目的の共有をくり返すことで、子どもたちの社会性の基礎となる生きた人間関係を育む力となっていきます。

環境………例えばクワガタムシを園で飼育する活動では、子どもたちは虫かごを熱心に眺めるでしょう。「何を食べるのかな？」「大きなはさみがあるのとないのは、どう違うのかな？」と次々に疑問がわいてきます。そのとき、わからないことを調べてみようと図鑑を開き自らの力で知識を広げていくでしょう。その体験が、その後の学習意欲に結びついていきます。授業の中で昆虫の生態について学ぶ小学校教育と、あそびの中で学ぶ幼児教育の異なる点です。

言葉………5歳児は、保育者などに読んでもらった絵本に興味をもち、言葉のリズムを楽しんだり、物語の内容を自分なりにいろいろ想像したりするようになります。さらにあそびが発展すると、友だちと一緒に物語の世界に入り、ストーリーやセリフを考えたり役割分担して劇あそびに夢中になったりします。これもあそびを通して言葉の学習をしていることにほかなりません。

このように、幼児期はあそびを通して学習の土台づくりをしていきます。その力が、学齢期以降の系統的な学習につながっていくのです。

表現………かっこいいものを作りたい、美しいものを描きたいという気持ちは、すべての子どもがもっている表現への欲求です。例えば子どもたちが大好きなお絵描きあそびでは、好きな色や形を組み合わせ白紙だった紙に自分にしか描けないカラフルな世界をつくりあげます。色を混ぜることでの変化や不思議さおもしろさを楽しみ、子どもたちが経験した世界のイメージを表現し、色や形が見せる美しさに心を動かし豊かな感性を培っていきます。子どもたちはお絵描きあそびを通して模倣と創造をくり返し、それぞれの成功体験を獲得することで、生きる力の主軸となる自尊感情を高めていきます。

松永 恵美子　松永 和孝（熊本市田迎こども園）

小学校との
接続・連携

小学校との接続・連携（以下接続など）はこれからの大きな課題です。現在もそれぞれの地域や施設で接続などを実施していますが、子どもの観点からも、施設の観点からも十分とは言えません。では、なぜ接続などが必要なのでしょう。まず、育ちの連続性を保障することが目的で、育ちの連続性とは子どもの発達（生活や人間関係など）と教育（学び）の連続性であると考えられています。

現状として、乳幼児期の施設と小学校の段差は確実にあります。だからこそ、段差を小さくし、なだらかに接続していくことが求められています。

接続などについて乳幼児期の施設で大切なことは三つの力と協同的な学びと言われています。乳幼児期の施設ではこれらを「保育の中の教育（領域）」として学んでいき、やがて小学校1年生では教科になり生活科を中心とした合科的活動に展開していきます。乳幼児期のあそびを中心とした時間制限のない活動から、徐々に時間を区切った教科書を中心とした活動へと変わっていくのです。乳幼児期と学校では教育の方法に違いがあるので、その違いを認識しながら乳幼児期の施設側のアプローチカリキュラムや小学校側のスタートカリキュラムが作成されるとよいでしょう。乳幼児期の施設には小学校への要録の送付が義務づけられており、接続などの効果の一貫性が求められています。平成30年の新要領および指針の改訂により接続・連携は、その内容を強化すると共に、令和2年以降の小学校などの学習指導要領でも、幼児期の教育を基礎にして進めるよう改訂されており、学校教育のはじまりをさらに明確にしました。このように全国一律の施策になったことにより、今後、大きな実を結ぶものと信じています。

さて、乳幼児期の施設にとって接続などの大事なことをもう少し考えてみましょう。前述した三つの力は、生活する力、関わる力、学ぶ力を指しています。生活する力は「身辺自立や基本的生活習慣」を、関わる力は「個から大きな集団の人間関係」を、学ぶ力は「学びの芽生え」、「運動能力」や「表現など」を指しています。乳幼児期の施設における教育は「全体的な計画」が全国一律に示され、高いレベルに達していますが、さらに真の就学前教育を見つめ直すよい機会です。それは小学校への移行を意識したものであることに間違いありませんが、小学校の前倒し教育では決してありません。むしろ基本的生活習慣が確立した上に、幼児期の教育を義務教育である小学校教育につなげていくアプローチが必要なのです。ここで大切なことは互恵性（子ども同士、大人同士、大人と子どもが互いの主体性を受け入れ尊重しながら進めていく姿勢をとること）だと言われています。保育者と小学校教諭の間でも、施設同士でもこの互恵性を中心として継続的で計画的な一貫した活動が進められたらと願います。

本書では、アプローチカリキュラムの例を5歳児4月から提示しています。多くの書物では10月スタートが多いわけですが、5歳児当初から意識していくことは重要です。また、小学校との生活様式の違いへの対処や、国語力や数の認識など、また生活科の前身であった理科や社会に通じる科学する目や力を養う教育とは何であるのかという例を提示しています。小学校に通じる生きる力の基礎を培うこと、子どもの最善の利益とは何かを一緒に考える一助になれば幸いです。

保育総合研究会副会長　坂﨑 隆浩

小学校との接続・連携年間計画書

月	アプローチカリキュラム（1期）				アプローチカリキュラム		
	4月	**5月**	**6月**	**7月**	**8月**	**9月**	
園行事	入園・進級式 誕生会 身体測定 避難訓練 スイミングスクール 英会話教室 内科健診・歯科検診 個人面談	こどもの日の集い 親子遠足 誕生会 身体測定 避難訓練 スイミングスクール 英会話教室	保育参観 誕生会 身体測定 避難訓練 スイミングスクール 英会話教室	七夕の集い 体験学習 誕生会 身体測定 避難訓練 防犯訓練 スイミングスクール 英会話教室	夏祭り 夏野菜収穫祭 誕生会 身体測定 避難訓練 スイミングスクール 英会話教室	運動会 総合防災訓練 観劇会 誕生会 身体測定 スイミングスクール 英会話教室	
ねらい〈園活動〉（★10の姿）	○進級した喜びを感じながら意欲的に過ごす。（★自立心）	○自然の中で体を動かしてのびのびとあそぶ。（★健康な心と体、自然との関わり・生命尊重）	○活動やあそびの中で言葉で伝え合う楽しさを感じる。（★言葉による伝え合い）	○公共の場でのマナーを知る。 ○ルールを守ってあそぶ楽しさを感じる。（★道徳性・規範意識の芽生え、社会生活との関わり）	○野菜作りを通して当番としての責任感や野菜が育つ楽しさを感じる。（★自然との関わり・生命尊重）	○友だちと力を合わせて体を使って表現する喜びを感じる。（★健康な心と体、豊かな感性と表現）	
働きかけのポイント〈園活動〉	○進級した喜びを感じられるよう声かけをしたり、環境を整えたりする。	○心と体を十分に働かせながら充実感をもって自然に関われるようにする。	○相手の気持ちをくみ取ったり、自分の気持ちを言葉で伝えられるようにする。	○公共の場所を大切に利用することを伝え、マナーを守って行動できるようにする。	○当番が野菜の水やりをすることを通し、育てる喜びを知り、食に興味をもてるようにする。	○できたことや努力したことを認め合い、みんなで協同することの楽しさを感じられるようにする。	
保幼小連携	○園だよりを園児と保育教諭などが毎月小学校へ届ける。 ○小学校だよりを小学生が毎月こども園へ届ける。	○今年度年間打ち合わせ（小学校　担任）（こども園　園長）	○交通安全教室打ち合わせ（園長、保育教諭） ○交流シート作成	○交通安全教室 ○交流シート提出	○運動会練習のため、校庭使用の打ち合わせ（園長、保育教諭、校長、教頭）	○運動会練習および運動会 ○町探検打ち合わせ（園長、保育教諭、小学校の担任） ○町探検（小学2年生来園）	
ねらい〈連携〉（★10の姿）	○小学校を訪問し、校長先生や小学校の先生に会うことで小学校に関心をもつ。（★社会生活との関わり）	○小学校の先生に園の様子を見てもらい、できることをほめてもらうことで自信をもつ。（★自立心）	○小学校主催の交通安全教室に参加することを知り、交通安全のルールについて学ぶ。（★道徳性・規範意識の芽生え、社会生活との関わり）	○小学生の姿を手本とし、交通安全教室に参加する態度を身につける。（★道徳性・規範意識の芽生え、社会生活との関わり）	○広い校庭で運動できる喜びを感じ、小学生へのあこがれの気持ちをもつ。（★健康な心と体）	○運動会の練習で小学校に通うことにより、小学校に親近感をもつ。（★社会生活との関わり） ○小学生の話を聞き、小学校に興味をもったり、小学生とゲームしたりする楽しさを知る。（★社会生活との関わり、協同性）	
働きかけのポイント〈連携〉	○小学校へ行ったときの挨拶の仕方を伝える。	○一人ひとりのできる力を認めることで自信や意欲へとつなげる。	○交通安全のためのルールがあることを伝える。	○小学校の先生の話を聞き、園に戻り在園児に様子を伝えるように促す。	○小学校の校庭を貸してもらっているという感謝の気持ちを伝えながら、みんなで使う場としてルールを守ることを伝える。	○小学生や小学校の先生に会ったら挨拶をするように伝える。 ○年齢の違う小学生と一緒にゲームをするためには協力することを伝える。	
育ってほしい姿			**幼児期の終わりまでに育ってほしい姿10項目**				

アプローチカリキュラムの作成にあたっては全体計画を踏まえ、より具体的に記入することが大切です。園と小学校の担当者が話し合い作成することはもちろん、保育者と小学校教諭が互いの教育の理解を図り、接続・連携することが必要です。アプローチカリキュラムは幼児期教育と小学校1年生スタートカリキュラムにつながる接続期教育の計画書となります。

（2期）			アプローチカリキュラム（3期）			スタートカリキュラム
10月	**11月**	**12月**	**1月**	**2月**	**3月**	**4〜5月**
内科健診・歯科検診 誕生会 身体測定 避難訓練 スイミングスクール 英会話教室	七五三の集い 誕生会 身体測定 避難訓練 防犯訓練 スイミングスクール 英会話教室	お遊戯会 誕生会 身体測定 避難訓練 スイミングスクール 英会話教室	正月あそび 誕生会 身体測定 避難訓練 スイミングスクール 英会話教室 個人面談 雪上運動会	豆まき会 作品展 保育参観 誕生会 身体測定 避難訓練 スイミングスクール 英会話教室	ひな祭り 卒園児を送る会 卒園式 誕生会 身体測定 避難訓練 スイミングスクール 英会話教室	〈4月〉 入学式 一年生を迎える会 〈5月〉 運動会（園長出席）
○秋の自然物をあそびの中に取り入れて楽しむ。 （★自然との関わり・生命尊重、思考力の芽生え）	○文字や数に関心をもち、生活やあそびの中で活用する。 （★数量や図形、標識や文字などへの関心・感覚）	○共通の目的に向かい、友だちと協力し、活動する楽しさや表現する楽しさを知る。 （★豊かな感性と表現、協同性）	○雪や氷に関心を深める。 ○日本ならではの伝承あそびを知る。 （★自然との関わり・生命尊重、社会生活との関わり）	○グループで作品を作る中で、自分の考えを言葉で伝え、共同で製作し、完成した喜びを味わう。 （★協同性、言葉による伝え合い）	○就学への期待をもち、園生活を楽しむ。 （★自立心）	○園長が小学校の行事に参加し、小学校の行事を知る。
○身近な自然物を工夫してあそびに取り入れ、考えたり発見したりしたことを受けとめるようにする。	○生活やあそびの中で数、文字、図形を使い、関心が深まるようにする。	○努力してきたことを認め、自信へとつなげる。	○子どもの「なぜ？」に耳を傾け、思考力の芽生えにつなげるようにする。	○自分なりの目標を立てることで意欲を引き出していく。	○快適に生活するための約束事を子ども自身が理解し、必要性に気づけるよう声かけをしていく。	○新1年生がスムーズに小学校生活を送っているか確認する。
○町探検交流シート提出 ○町探検で訪れた小学生が感想文を持って来園 ○小学校学習発表会参観（園長）	○就学時健康診断	○小学校参観日（園長、保育教諭）	○収穫祭打ち合わせ（園長、保育教諭） ○交流シート作成	○収穫祭 ○交流シート作成 ○小学校体験	○小学校卒業式（園長参加）	○幼稚園・こども園・小学校連携協議会 ○今年度の1年生の様子について伝達（園長、保育教諭小学校の担任） ○今年度の連携事項の確認
○小学生の感想に親しみや喜びを感じる。 （★言葉による伝え合い）	○就学時健康診断で小学校を訪れ、案内してくれる小学生にあこがれの気持ちをもつ。 （★社会生活との関わり）	○小学校参観の様子を園長や保育教諭から聞き、小学校の授業の様子を知り、就学への不安を和らげる。 （★社会生活との関わり）	○収穫祭を楽しみにし、お礼の挨拶を言えるようにする。 （★言葉による伝え合い）	○収穫祭での発表を通し、米のできるまでを知る。 （★思考力の芽生え、自然との関わり・生命尊重） ○小学校でランドセルを背負ってみたり、教室に入りいすに座ってみることで小学生へのあこがれを強くもつ。 （★社会生活との関わり）	○小学校卒業式の様子を卒園児に伝えることにより、小学校に興味をもつ。 （★社会生活との関わり）	○園で慣れ親しんだ絵本を読んでもらい、小学校に親近感をもつ。 （★自立心） ○学校探検を通して教室の場所や水飲み場の使い方などを知る。 （★社会生活との関わり）
○小学生の感想を保育教諭が読み上げることで、小学生の気持ちを伝える。	○学校におけるマナーを守って健康診断を行うように伝える。	○小学校での勉強の楽しさを伝えるようにする。	○収穫祭での挨拶の仕方を伝える。	○小学生が作ったお米を食べて、食物の大切さについて伝える。 ○小学生や先生などにお礼の挨拶を伝える。	○卒園したら小学校に入れることを伝え、期待がもてるようにする。	○気持ちの安定のため、園で経験したことを取り入れる。 ○親しみのもてる授業を取り入れ、無理なく参加できるようにする。
						○学校生活に慣れ意欲的に活動する。

①健康な心と体　②自立心　③協同性　④道徳性・規範意識の芽生え　⑤社会生活との関わり
⑥思考力の芽生え　⑦自然との関わり・生命尊重　⑧数量や図形、標識や文字などへの関心・感覚
⑨言葉による伝え合い　⑩豊かな感性と表現

アプローチカリキュラム

就学までに身につけておきたい食事・排泄

食事・排泄などは基本的生活習慣として生活の基盤となるものであり、その獲得は自立の第一歩です。また、小学校では学習時間・給食時間・休み時間の割りふりがあることから、時間を意識し生活することが、集団生活・社会生活との関わりの第一歩になります。

1 園と小学校の給食の違いを認識しよう

午睡の有無や時間割といった園と小学校での時間の流れや生活の違いについて確認しましょう。

まず食事の開始時間が違います。園では12時までに食事開始となりますが、小学校では時間割によって開始時間が決まります。また、多くは保育者が準備する園給食と自分たちで準備する学校給食との違いを小学校との連携事業などを活用し見学に訪ねたり、当番活動として配膳の手伝いをしたりすることも接続へのアプローチになります。

2 園と小学校での排泄設備の違いを認識しよう

最近の就学前施設の便器は洋式がほとんどとなっていますが、小学校ではまだ和式が残っています。就学に向けて1度でも経験できる機会が必要かもしれません。

その他、女子トイレと男子トイレに分かれる、休み時間など決まった時間にトイレに行くなどがあり、排泄の自立が必要ではありながらも、低学年の間はどうしようもないときには先生に自分の思いを伝えられる力が必要です。

point

小学校への接続課題として

食事

「食事時間は、20分以内に、遅くとも30分まで」

※注意しましょう

この20分から30分という食事時間が子どもたち全員にとって合っているのか？　という疑問は残ります。ダラダラと食べるのもいけませんが、早すぎるのも咀しゃくをしっかりと行っているか、心配です。この時間は、単純に小学校のカリキュラムからくるものです。「食事は楽しいもの」であることに変わりはありません。あくまで目安として捉え、遅くなる子には個別の食事量や集中を、早すぎる子には咀しゃくについて振り返り、卒園までに整えましょう。

排泄

排泄の自立

大人の手を借りずに排尿・排便ができる状態です。

排尿ができる：尿意を感じ、トイレに行く・ズボン（スカート）を下ろす・排泄する・ズボン（スカート）を上げる・水を流す・手を洗う・スリッパをそろえる

排便ができる：便意を感じ、トイレに行く・ズボン（スカート）を下ろす・排便・お尻を拭く・ズボン（スカート）を上げる・水を流す・手を洗う・スリッパをそろえる

活動案

1. 日直などの活動を経験する中で、配膳なども計画に入れましょう。

2. 食育と共に3色食品群の栄養素について学びましょう（飽きてしまわないように教材を工夫して利用しましょう）。

3. 遠足などの機会を利用して、男女別のトイレの認識や和式トイレの練習をしましょう。

4. トイレットペーパーがきれていれば、自分で交換できるようにしましょう。

5. 休み時間まで我慢し、どうしても行きたいときは手をあげて伝えられる力が必要です（時間割での生活を経験するとよいでしょう）。

6. 保育の設定を時間割にしてみるのもよいでしょう。

※食事開始時間や排便の自立は、1月ごろより卒園に向け計画を立てていきましょう。

就学までに家庭で整えておきたい環境
（日々の送迎の様子を確認しながら、保護者支援として伝えていきましょう）

子育ての協力者を見つけましょう。

やはり、祖父や祖母・両親の兄弟関係・親戚などの身内が最善です。どうしても無理な場合は、お互いに喜怒哀楽を共有できる友人がよいでしょう。

送迎などについては友人・知人にお願いできますが、個人的な連絡事項や、何らかの決定が必要な事項は他人にはお願いできません。可能な限り身内の協力者を見つけておきましょう。

そして、子どもたちの生活の基本として

「　早寝　早起き　朝ごはん　」

があります。

人間には必要な睡眠時間があり、研究により様々な事例がありますが、小学生に必要な睡眠時間は、おおむね9時間です。そして、朝食を摂らないと血糖値は昼過ぎまで低いままなので、午前中ボ〜ッとしてダルさが続きます。それに空腹感があるため、生理的に落ち着きがなくなり、イライラするなど1日の生活に悪い影響を与えます。朝食を摂ると体温が上がり、心身共にパワーアップし、満腹感があり、精神的にも落ち着き、やる気も出てきます。

朝の集団登校が8時集合だとすると、朝ごはんを食べるためには7時に起床。その起床時間までに9時間の睡眠をとるためには午後10時には就寝する。現在の社会状況として難しい面があるとは思いますが、少しでも長く睡眠時間がとれるよう伝えていきましょう。

「早寝　早起き　朝ごはん」が日常の生活習慣になっていない子どもたちが、小学校の初登校の日に突然できるようにはなりません。また、大人である保護者のみなさまも、突然できるようにはなりません。園に通う間に、練習していきましょう！

就学までに身につけておきたい（安全意識・防犯意識・公衆衛生・感染症予防）

自分のやりたいことに向かって心と体を十分に働かせるということは、見通しをもって行動し、安全な環境をつくり出すことであり、そのためには安全・防犯・感染予防を意識して行動しなければいけません。また、これら必要なルールを守ることは規範意識の芽生えにもつながっていきます。

project 1

安全意識の醸成

大人が子どもの安全を守ることも大切ですが、子どもが自分自身の安全に気づき、命を大切にできるよう伝えていく必要があります。

（例）交通ルールを覚えよう！

○子どもの集中力が続くうちに、短時間で効果的に学べるようゲーム形式・質問形式で行い、楽しみながら学べるような工夫が必要です。

> ・簡単な標識を覚えましょう
> ・道路の渡り方は？
> ・歩くときは道のどちら側を歩くの？
> ・信号の色の意味は？

年間を通した散歩の機会を活用し、目に入る形や色に興味を引き、信号の意味や標識の意味などを理解する機会につなげましょう。

また、交通安全教室などを通して標識や信号、横断歩道の渡り方などを友だちと話し合ったりする中で、自ら交通ルールを守ろうとする意識が芽生え学び合いの機会となるでしょう。

project 2

防犯・安全意識の醸成

（例）いかのおすし（警視庁考案防犯用語）

『いか』……… 行かない	→	知らない人について行かない
『の』……… 乗らない	→	知らない人の車に乗らない
『お』……… 大声を出す	→	「助けて！」と大きな声を出す
『す』……… すぐ逃げる	→	怖かったら、大人のいる方にすぐ逃げる
『し』……… 知らせる	→	どんな人が何をしたのか、大人に知らせる

保護者支援として
就学前の子どもは「知らない人」の概念を理解するのは難しいので、具体的に名前を出しながら「ついて行ってよい人」を子どもに伝え、それ以外は保護者に確認するように発信しましょう。

活動例

1. 人形劇や安全に関するDVDなどの学習教材を利用した防犯・安全教育。
2. 自動車教習所・企業などとタイアップした交通安全実地学習。

まとめ

事故や事件に巻き込まれないようにするためには「どんな場所が危険か、どうして危険なのか」をまず教え、「自分の身を守るためには、どうしなければいけないのか、どんなルールを守る必要があるのか」を学ぶことで、危険を予測したり、回避する力を養うことができるのです。また、自転車に乗り始める年齢として、自転車での安全についても伝える機会をもちたいですね。

project 3

公衆衛生

子どもが社会生活を営む上で、公衆衛生は大切なマナーの一つです。なぜそれを行うのか？　相手の立場に立って考えられるようになってほしいですね。

（例）咳をするときはどうするの？
　○風邪をひいて咳やくしゃみが出るときの約束をみんなで話し合おう！

> ・マスクを着用する。
> ・ティッシュ・ハンカチなどで口や鼻を覆う。
> ・上着の内側や袖で口や鼻を覆う。

○みんなでルールを決めよう。
○みんなでやってみよう。

■手洗い
○30秒以上手洗いしましょう。
　歌などを歌いながらするのもよいでしょう。

指導上の留意点

これら活動の中で大切なことは、ただ単に「教える」ことではなく、子どもたちが主体的に学んでいく、つまり「学習」していくために保育者が関わる必要があるということです。相手の立場になって考えてみる。どうすれば安全なのか考えてみる。それをくり返していくことで、子どもたちに少しずつ社会の一員として生活していく力が育っていくのです。

project 4

感染症

公衆衛生同様、子どもが社会生活を営む上で、感染症対策は人にうつさない、うつらないという大切なマナーの一つです。また、保育者・保護者・園としての対応も求められます。

（主な感染症）

インフルエンザ、食中毒、伝染性の目の病気・皮膚病、特定鳥インフルエンザ、新型コロナウイルス感染症など。

＊詳しくは「学校伝染病の種類および出席停止期間.pdf」として付属CDに収録した表を参照。

（園としての対応）

・感染症が発生したら保護者に伝える。

・感染症対策委員会をつくる。

・職員としての行動指針の作成

・対応ガイドラインの作成

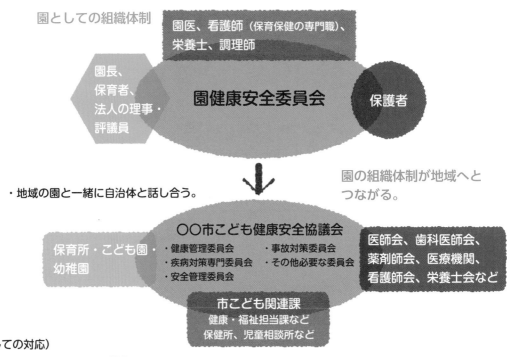

（保育者としての対応）

・保育室の湿度・温度調整および換気をする。

・園児への手洗い・うがいの指導を行う。

・園児の健康状態のチェックを行う。

・保育中、三密（密集・密接・密閉）を避ける。

（保護者）

・日頃より園の保健だよりや掲示板に目を通す習慣をつける。

・子どもの体の異常に気づいたら、すぐ病院へ連れて行く。

「感染症法（正式名称：感染症の予防及び感染症の患者に対する医療に関する法律）」

わが国では感染症を取り巻く状況の激しい変化に対応するため、これまでの「伝染病予防法」に替えて、1999年4月1日から「感染症法」が施行されています。

アレルギーに関しては、近年の法律をよく理解して、園の保育に取り組みましょう。

就学までに身につけておきたい関わる力（コミュニケーション・協同）

友だちと関わる中で、コミュニケーションを通して互いの思いや考えを共有し、共通の目的の実現に向けて考えたり、工夫したりして、物事をやり遂げるためには、互いに協力し合うことが必要となることに気づきましょう。

1 ◀ 感謝の心・感謝される喜び

よい人間関係を築いていくためには、相手に対する感謝や敬意を払う気持ちが大切です。人に支えられ助けられ、自分が生活できているということや、人の役に立つ喜び・責任を果たすことを学び、感じることが重要です。

例えば、給食の配膳を通して……

- ・当番グループをあらかじめ決めておき、輪番で行う。
- ・最初は汁物以外のものを配膳していく。
- ・うまく配膳できるようになれば、汁物も配膳していく。
- ・配膳の際に「はい、どうぞ」「ありがとう」と心が通じ合うコミュニケーションを図るように話をしていく。

また、あそびの中でもよく見られる光景として、「☆☆くん、そのおもちゃかしてー」「○○くん、いいよー」「☆☆くん、ありがとう！」などと子どもたち相互に自分の意思・思いを言葉で伝えているようです。

- ※保育者がその場に居合わせたら、その行為をほめることも大切なことです。
- ※外あそびのときも、遊具の使用順でもめないように！
  特に自分より小さい子どもたちへの気遣いにも配慮するようにしましょう。
- ※感謝と同時に、「ごめんなさい」という謝罪の言葉の大切さも伝えましょう。

2 ◀ 意見を出し合いコミュニケーションを図る

友だちと何か行おうとするとき、自分の思いを伝え、相手の話を聞き、よりよい方向にもっていくことが大切です。

（例）シャボン玉あそび

①自分たちでシャボン玉を作る。
　友だちと、シャボン玉ができるかもしれないものについて意見を出し合う。洗濯石けん・ハンドソープ・シャンプー・食器用洗剤など。

②実際にやってみた感想を話し合う。
　シャンプーは最初シャボン玉ができなかったが、液の量を増やすとできた。食器用洗剤が一番うまくシャボン玉が作れた。

③ストローでシャボン玉を作る道具を作る。
　友だちと意見を出し合い、短くしたり、ストローを3本でしたり、先を切ったりしてみる。

④それぞれの方法でやった結果を報告し合う。
　シャボン玉を作れない友だちに作り方を教えたりする。

友だちとよりよい関係を築くためにはコミュニケーションが大切であることを知ります。それは、友だちとイメージを共有しあそびが広がる楽しさを感じながら充実感や達成感を味わうためには、一人の考えだけでなく、友だちと意見を出し合い力を合わせて物事を行うことが必要であることを知ることにつながります。

関わる力 ①

自然の不思議や生命の尊さを知る

自然に触れて感動する体験を通して、季節の変化などを感じ取り、身近な動植物の世話をすることで、生命の不思議さや尊さに気づき、命あるものをいたわり大切にする気持ちが育まれます。

project

氷を作ってみよう!

容器の中に、いろいろな形にした色紙やモールを入れ、そこに水やジュースを入れ、凍らせて氷飾りを作ります。

○用意するもの
・いろいろな形の入れ物（数個）
・色紙（数枚）
・モール（数本）
・はさみ（数本）
・水やジュース

1 氷飾りを作ってみよう

保育者が子どもたちに透明なコップに入った氷飾りを見せ、「もっときれいな氷飾りを作ってみよう」と誘います。

2 氷は何からできているのかな?

子どもたちには、氷は何からできているのか聞いてみます。「水」という答えが返ってきました。他のものではできないかと、助言します。
「ジュース」という答えが返ってきました。
水とジュースで作ることにします。

3 どうしたら氷になるのかな?

氷飾りの次の議題として、どうしたら水やジュースが氷になるか、子どもたちの話を聞きます。
「寒いところ」「外に置くといいよ」という意見が出たので、戸外に置いてみることにします。
いろいろな形の入れ物に、好きな飾りを入れ、園庭に置きます。

4 あれ、氷にならないよ!

園庭に置いてから1時間ほどしてみんなで見に行きましたが、「氷、できてないよー」「どうしてだろう、寒いのに」と、子どもたちは不思議、不思議で大騒ぎ。

指導上の留意点

子どもたちがわからなくなったとき、考えるヒントを示すことが大切です。このように、自発的に考え行動する態度は、小学校の授業に対しても、主体的に意欲をもって関わることにつながっていくのです。

5 どうしてだろう?

水が冷たくはなっているのですが、氷になっていません。「どうしてだろう?」と、子どもたちに問いかけてみます。子どもたちはいろいろ意見を出し話し合いますが、結論が出ません。
「明日まで待ってみようか」と、保育者が提案し、一晩置いておくことにします。

6 氷ができたよ! 部屋に置いたら消えちゃったよ!

一晩で氷飾りはできていました。子どもたちは嬉しそう。きれいな氷飾りに大満足。でも、部屋に置いたらいつの間にか水になり、「氷が消えちゃったよ!」「なんでだろう?」と、子どもたち。
でもすぐに、「また、氷飾りを作ってみよう」「今度は絵の具の水でもできるか試してみよう」「おはじきを入れてみようよ」と、子どもたちは次に何がしたいかを思い描いているようです。

＊1月の青森県での活動例です。

point

動植物と関わる活動案

よもぎだんごを作る

・葉っぱをどうやって食べるのかな。
・どんなにおいがするのかな。
・どうやってだんごを作るのかな。

小動物を飼育する

・どんな動物を飼ってみたいかな。
・動物はどんな家に住むのかな。
・動物は何を食べるのかな。

サツマイモのつるで紙作り

・サツマイモのつるでどんなあそびができるかな。
・紙を作るにはどうすればいいかな。

聞く力・話す力・読む力・書く力を育てる

友だちや保育者などと心を通わせる中で、絵本や物語などに親しみながら豊かな言葉や表現を身につけ、経験したことや考えたことなどを言葉で伝えたり相手の話を注意して聞いたりし、言葉による伝え合いを楽しむことが言葉の世界を広げます。5歳児として総合的に言葉・文字を学ぶということに関する教育環境の充実、教材の工夫を園全体で取り組むことが重要です。

project

物語をつくってみよう!

・鉛筆
・画用紙
・あいうえお表
・絵や保育室の中にある素材
（お話づくりのために文字が入ってないものなら何でも可）

1 絵からイメージをつくる

保育者があらかじめクレヨンなどで描いたわかりやすい、大きな絵を用意しておきます。子どもたちを5人ほどのグループに分け、鉛筆・画用紙を配ります。保育者が描いた絵を見せ、「この絵は何かしら」と疑問をもつような声かけをします。

2 保育者がお話をつくる

次にこの絵を見て、「自由にお話をつくってください」と伝えます。このときに保育者は、初めに保育者がつくったお話を子どもたちに聞かせます。

3 さあ物語をつくってみよう

思い思いにお話をつくる姿が子どもたちに見受けられますが、なかなか言葉にできない子もいます。その言葉を文字に表現しようとしているときに保育室に貼ってあるあいうえお表の出番となります。保育者は子どもが探している文字が見つかるように声かけをします。

4 みんなの前で物語を話してみよう

画用紙に書いたお話（文字・絵）を、一人ずつみんなに見せながらお話を始めます。

指導上の留意点

この活動で大切なのは適切な言葉を見つける力です。話している言葉(音)を文字という形で表し文章として残すことの大切さを伝えます。あいうえお表の中で発音する音を組み合わせることで、一つの単語になり、単語の集合で文章ができることを知り、文章をつくることの楽しさを学べるように助言・助力します。また、音を形として、書くということで文字として残ることも伝えます。

5 「おはなしのじかん」をつくろう

帰りの会などの時間を使って、「おはなしのじかん」をつくります。保育者は「今日は○○ちゃんが金魚のおはなしをしてくれます」などと声かけをし、みんなの参加を促します。保育者がクラスの掲示版などに○○ちゃんの書いた文章と題材としたものの写真を貼っておくと、クラスみんなが進んで活動に取り組むことができるでしょう。

point

聞く力・話す力・読む力・書く力を育てるための活動案

伝言ゲーム

しりとりの延長として行うとよいでしょう。言葉の楽しさを学び、また一つの言葉を相手に伝えることで言葉の広がりも実感するでしょう。

多言語を知る

日本語はひらがな、カタカナ、漢字によって表記されます。とりわけカタカナは外来語を表すために用います。園の中にも様々な違う国の言葉があるかもしれません。みんなで探してみましょう。きっかけづくりとして世界の国の挨拶を知るのもよいかもしれませんね。

かるた

クラスを2グループほどに分けて行います。初めは保育者が読み手になりますが、徐々に子どもたちにも読み手を経験させていき、読む力を養います。そうすることで、聞く力も同時に身につくことでしょう。

学ぶ力 ②　数・量・形

数・量・形の概念を育てる

あそびや生活の中で、数量や図形、標識や文字などに親しむ体験を重ねたり、標識や文字などの役割に気づくことが、これらへの興味や関心・感覚をもつことにつながります。数量などは空間認知と共に、満1歳以上の5領域でも重要視されています。よって文字などと同様、保育者が意識して教育を保障する課題の一つです。

project

生活（食事の配膳）から学ぶ数

日常の配膳の場面

1 **お茶碗やお皿配りができるかな？**

5人1グループで4つのグループがあり、それぞれのテーブルで食べます。まず、当番の子どもたちがお皿の配膳をします。「今日は、○○ちゃんがお休みだから、いつもは5枚のこのテーブルは4枚ね！」と確認しながら、お皿を配ります。

2 **おかずを配ろう!**

今日のおかずは、ハンバーグとこふき芋・スープそしてデザートがブドウです。3人の配膳係の子が、「芋は何個ずつ？」「ブドウは何個ずつ？」と配る個数を確認しています。「ハンバーグは1個で芋は3個でブドウは5個配ってくれるかな」と保育者が伝えると配膳係の子がそれぞれに数えながら配膳しています。

3  **あまったよ!**

ブドウがあまってしまいました。「数え間違えたのかな？配ったお皿を見てみたら？」と保育者がヒントを与えると、4個しか入っていないお皿があったことに気づき、1個追加してみんなに配り終えることができました。

4 **おかわりのおかずがあるようですよ！**

今日はハンバーグのおかわりがあるようです。「何個ある？」と保育者が聞くと「2個ある！」と答え、2人おかわりできることを確認しました。しかし、「食べたい人？」と聞くと4人が食べたいと手を上げたので、「どうすれば、分けられるの？」と考え込んでしまいました。

5 どうしよう?

配膳係が悩んでいると、子どもたちから「ハンバーグを半分にしたら?　全部で4個になるよ」という意見が出ました。ハンバーグだから半分にすることができ、希望した子どもたちに配ることができました。

6 スープのおかわり

個数では数えられないスープのおかわりもあります。子どもたちは残りの量を確認し、自分がどのくらいつげば友だちにもおかわりがいきわたるかを考え、毎日のくり返しの中で適量をお椀についていきます。残り少なくなると「あと2人分で終わるよ」などの声かけも聞かれます。

指導上の留意点

この食事の場面で大切なのは、毎回くり返すことで、量を目分量で確認することができるようになり、この間は3個ずつだったけど、今日の量だと2個ずつかな? と予測できるようになることです。子どもが困ったときは保育者がヒントを示しながら、実際に子どもたち自身が考えて配れるようにしましょう。実体験を積み重ね自分で考えることで自然と数や量の概念が育ちます。そのような土台があるからこそ、小学校での授業に主体的に臨んでいけるのです。食事の配膳も貴重な学びの場と考え、子どもたちと一緒に様々な発見を楽しみましょう。

あと2人分ぐらいかな?

point

数・量・形の概念を育てるための活動案

玉入れ

玉入れをするときに、自分が何個かごに入れたか、合わせると何個入ったか、など数えてみたり、競技なので相手と同じ人数で競うことなど、ヒントを与え、子どもたちがどのように考えるか試してみましょう。

水鉄砲あそび

大きさの違う水鉄砲であそぶ中で、どちらのほうが水の量が多く入り長い時間水を出し続けられるか試してみましょう。

モザイク

六角形・四角形・三角形など様々な形を組み合わせ、イメージを膨らませることで動物や花などどんな形になるか試してみましょう。モザイクあそびに発展するかもしれませんね。

書道をとりあげて 豊かな感性と表現力の芽生えを引き出す

心を動かす出来事などに触れ感性を働かせる中で、様々な素材の特徴や表現の仕方などに気づき、感じたことや考えたことを自分で表現したり、友だち同士で表現する過程を楽しんだりし、表現する喜びを味わうことで一人ひとりの感性や表現力を引き出すことになります。

project

墨の世界

○用意するもの
・墨汁　・小皿
・水　　・スポイト
・半紙　・黒のフェルトペン
・筆

1 墨ってどんな色?

初めて触れる墨をまずはよく観察します。一人に小皿一枚の墨汁を渡し、何色なんだろう？　どんなにおいがするんだろう？　と考えさせます。書道に使用するものであることは伝えません。いつもは数色の色で製作活動をしている子どもたちに、じっくりと「墨の世界」を堪能してもらいます。

2 墨を使ってみよう!

まずは真っ白な半紙の上に、スポイトで墨汁を1滴だけ落とします。ゆっくりと静かに1滴落とし、にじんでゆく様子を観察します。次に水を含ませた半紙に同様に墨汁を1滴だけ落とします。にじむ様子が先ほどと違うことに気づきます。2つの活動から、子どもたちは墨のおもしろさを体験します。

3 何に見えるかな?

スポイトで墨汁を落としてできた2つの模様。これはよほど墨汁の量、墨汁を落とす高さを変えない限り誰もが同じような模様に仕上がります。友だちと同じような色と形からどのような発想が生まれるでしょうか？　黒いフェルトペン1本を使って、想像の世界を膨らませてみましょう。このとき、なるべく友だちの表現が見えないように配慮することで、一人ひとりの自由な発想を引き出します。

4 筆で書いてみよう!

まずは筆の穂先に少しだけ墨汁をつけて丸を書きます。次は筆の腹まで墨汁をつけて丸を書きます。最後は筆のつけ根までしっかりと墨汁をつけて丸を書きます。筆の使い方により少しずつ太くなっていく線に気づき、その書き味の違いを楽しめるような言葉かけをします。

5 ┤ 丸書きゲームを楽しもう!

ゲームのルールは簡単です。筆のつけ根までしっかりと墨汁をつけ、保育者が提示した秒数に合わせて丸を書き上げます。「よーいスタート」の合図で書き始め、「10のときに丸ができるようにしてね」と伝えます。他に、5、30、60など、秒数を適度に変えてくり返します。急いで書いたときと、時間をかけてゆっくり書いたときの違いに気づけるような言葉かけをします。回を重ねる中で、にじみやかすれなどの違った表現が生まれてくるはずです。

6 ┤ 文字で表現してみよう!

墨汁の特質や筆の扱いに慣れてきたところで、文字表現を楽しめる場を設定します。画数が少なく、ひらがなを書くことに慣れていない子どもでも純粋に表現を楽しめるような言葉を選択します。ここではこどもの日にちなんでこいのぼりの「こい」という言葉を表現してみます。どんなこいのぼりにしたいのか言葉かけをすることで書くスピードや力の入れ方が変わってきます。強くて太いお父さんこいのぼり、きれいでスレンダーなお母さんこいのぼり、小さくてかわいい子どものこいのぼりなど、子どもたちにわかりやすい表現方法で伝えてみましょう。

指導上の留意点

この活動で最も気をつけなければならない点は、強制的な表現になってはならないという点です。保育者の「こうあるべきだ」という観念が、子どもたちの表現力を抑制してしまいます。同じ条件を提示していても、子どもの受け止め方は様々です。一人ひとりの表現を十分に認め、子どもも保育者も無邪気に楽しみながら活動することが求められます。認められる安心感から、自由な表現が生まれてくるでしょう。

point

豊かな感性と表現力の芽生えを引き出す活動案

同じ色を探そう

色は何色でも構いません。とにかく様々な素材で1つの色のものを集めます。例えば身の回りにある様々な「白いもの」を集めます。集めたもので自由な表現を楽しみます。

音づくり

合奏用の楽器の他、身近な素材を使って自然の音をつくります。例えば「水の流れ」「風の音」など。実際に戸外で探してきた音の再現に挑戦します。

体で丸をつくろう

自分ひとりの体のどこかを使って丸をつくる、友だちと二人の体を使って丸をつくる、クラスのみんなで丸をつくる、体をどんなふうに使ったら丸ができるかな? 友だちと違う丸をつくるには? 豊かな発想が生まれます。

表現する力

科学についての探究心を育てる

身近な事象に積極的に関わる中で、物の性質や仕組みなどを感じ取ったり、気づいたり、考えたり、予想したり、工夫したりするなど、多様な関わりを楽しんだり、友だちの様々な考えに触れたりする中で、自分と異なる考えがあることに気づき、自ら判断したり、考え直したりするなど、新しい考えを生み出すことにつながっていきます。

project

コップの水でドレミファソ

○用意するもの
・コップ（数個）
・バチ
・空のペットボトル
・空き缶

1 ドレミファソをつくってみよう

あらかじめ保育者がコップに水を調節しながら入れてドレミファソの音階をつくっておきます。そして、5人グループの子どもたちの前でたたいてみせ、「同じもの、つくれるかな？」と誘いかけました。

2 どうして音が違うのかな？

子どもたちはさっそく思い思いにコップに水を入れ、たたいてみました。けれどきれいな音がしません。「つまんないの」簡単にあきらめてしまいそうな子どもたちに対して、「あれ、水の量をよく見て！」などと考えるヒントを示しました。

3 ドレミファソができたよ!

音の高さと水の量の関係に気づいた子どもたちは、保育者がつくったお手本と照らし合わせながら水の量を調節していきます。「もっと増やして」「あっ、入れすぎちゃった、少し減らさなくちゃ」など、友だち同士で相談し合いながら音階を完成させました。

4 他のものでもできるかな?

コップの音階の次の課題として、用意しておいた様々な種類の空き容器を提示し、同じように音づくりをするよう誘いました。子どもたちは自信満々に取り組み始めます。

5 あれ、音が鳴らない!

ところが、ペットボトルや空き缶に水を入れてもコップのときのようにうまく音が鳴りません。
「水の量も丁寧に調節したのにどうしてだろう?」。子どもたちは大混乱?

6 どうしてだろう?

全部が音がしないわけではありません。ビンに水を入れたものなど、中にはきれいな音のするものもあります。「固い入れ物だと音がするのかな?」「でも缶は固いけど音がしないよ」「透き通っている入れ物は?」「ペットボトルは透き通っているよ」。子どもたちはいろいろ意見を出し合います。結局どうしてかの結論は出ませんでした。

指導上の留意点

この活動の中で大事なのは、結論を出すことではなく、「なぜ?　どうして?」と考え、試すことです。子どもたちはわからないとすぐにあきらめてしまいがちなので、考えるヒントを示すなど、「なぜ?」の興味が継続するように保育者が関わりましょう。このように「なぜ?　どうして?」と自発的に考え試していく態度は小学校の授業に対しても、主体的に疑問をもち考えていくことへとつながっていくのです。

point

科学的探究心を育てるための活動案

色の足し算

絵の具を溶かした色水と空き容器を用意して色の組み合わせで別の色が生まれる不思議を体験します。

水に浮くもの・沈むもの

身近にあるものをたくさん用意して、浮くもの、沈むものがあることを実験します。浮くものの共通点、沈むものの共通点などについても考えてみましょう。

氷作り

いろいろな種類の容器に水を入れ、どれが一番凍るか調べてみましょう。置く場所によって凍り方が違うかどうかも試してみましょう。

科学的事象

小学校との交流　～収穫祭を共に～

小学校入学時の不安を解消し、スムーズに小学校生活に慣れるためには、環境の中の物的環境と人的環境に小学校入学前から接することが大切です。

小学校の体育館で、5年生や地域ボランティアの人たちと「おにぎり作り」をします。

小学校と打ち合わせをする

園としての交流活動のねらい、小学校としての交流活動のねらいを確認し合い、
互いのねらいを理解し有意義な交流となるように心がけます。

内容

①交流活動のねらい

②指導のながれ
・園での事前の働きかけ
・小学校での児童への事前指導

③当日の交流計画
・活動場所、交流人数
・活動内容、流れ
・関わりや指導の留意点
　　小学校
　　園

交流当日

・挨拶の仕方、持ち物の忘れ物がないかの確認をし、小学校へ行く。
・昇降口で靴を脱ぎ、上靴を履く。
・体育館へ行く。
・打ち合わせに従い活動する。

後日、交流シートの交換をする

交流が終わったら、交流シートを交換し合い、よかった点・反省点を書き、次の交流につなげましょう。
PDCAサイクルを利用して、交流の計画（Plan）→交流（Do）→交流の自己評価（Check）→
交流の見直し（Act）→交流の計画とつなげることは、交流をよりよいものにしていく上で重要です。
また、交流シートを小学校と交換し合うことは、お互いの様子を知るためにも大事なことです。

交流についての意見

○○○園では

・お米の学習発表会は、園児にもわかりやすく興味をもって聞くことができた。

・5年生が園児を誘導してくれ、グループに分かれたが、お椀など必要なものを持ってから分かれれば、後で取りに行く時間の短縮につながるのではないか。

□□□小学校では

・準備や片づけなど、がんばったことで達成感が得られ、自主的な活動への取り組み意欲が向上し、自信につながった。

・園児と関わることにより、周囲の人に気を配るということや、世話をすることにより、積極的に関わっていくことを学んだ。

・地域の方との関わりから、自分だけの力ではなく、周囲の人に助けられてうまくいくことを実感できた。

次の活動（小学校入学）につなげたいこと

○○○園では

・年長児は、収穫祭を通し学校に親しみやあこがれをもつことができたと思うので、あと1ヵ月あまりの園生活の中で小学校の話題ができるようにし、小学校生活を楽しみにする気持ちが増すよう、環境づくりをしていきたい。

・年長児が園に戻り、年中児に収穫祭での様子を話すことにより、来年度の小学校交流を楽しみに待つ心を育てていきたい。

□□□小学校では

・5年生は、春休みの最終日に入学式の準備（教室や体育館の飾りつけなど）を行うと共に、入学式当日には児童を代表して歓迎の言葉を伝える役である。今回の交流を想起し、温かい歓迎の気持ちを伝えられるよう指導していく。

・園での様々な体験を生かしながら、校内の施設や先生方、様々な活動にスムーズに慣れていくよう、例えば朝の活動や給食当番など、状況に応じて支援を工夫していく。

活動の記録

「収穫祭はじめ」の言葉で開始。

5年生のお米の学習発表会。

いよいよおにぎり作り。

5年生が園児に教えてあげる。

一緒に会食。

園児からお礼の言葉。

メモ

・5年生のお米の学習発表会は、劇のような流れでわかりやすく発表していたので、園児も興味をもって静かに聞いていた。

・おにぎり作りでは、5年生と園児がペアになり、一緒に作ることができた。

・5年生と園児が一緒に会話を楽しみながら食べる姿が見られた。「おいしい」と言って、食欲が旺盛だった。会食後、園児全員でお礼の言葉を述べて終わった。

園に通う間に整えておきたい環境

保育所・こども園・幼稚園と小学校では受け入れ態勢が違います。また、居住する市町村により受けられる住民サービスは異なり、子どもが通う小学校で用意されている環境も大きく変わりますので、事前に調べておく必要があります。子育てを続けていく上で、周囲の協力態勢は非常に大切なものです。早めに準備し、保護者自身が安心して子育てができるよう、子育てと仕事の両立が叶うようしっかりと環境を整えましょう。

project

保育所・こども園・幼稚園と小学校の違い

	保育所	こども園	幼稚園	小学校
監督省庁	厚生労働省	内閣府	文部科学省	文部科学省
法令	児童福祉法 保育所保育指針	認定こども園法 幼保連携型認定こども園 教育・保育要領	学校教育法 幼稚園教育要領	学校教育法 学習指導要領
時間	原則　8時間 （11時間以上の開所、 延長保育、一時保育 を実施）	4〜11時間 （1号認定の子どもは 最大8時間まで、 2号・3号認定の子ども は最大で11時間 まで利用可能）	標準　4時間 （園により 預かり保育あり）	8時頃〜15時頃 （学年により違いあり） 学童保育　下校時〜18時頃 （地域により実施機関や 運営方法に違いあり）
昼食	義務	任意 （1号認定の子ども） 義務 （2・3号認定の子ども）	任意	義務
担任との連携	日々の送り迎えで （連絡帳など）	日々の送り迎えで （連絡帳など）	日々の送り迎えで （連絡帳など）	必要に応じて

就学前と就学後では子どもの成長により関わる園の保育者と小学校教諭との対応が違ってきます。子どもが成長できることが増える分、教諭の関わりが減ります。そのことを保護者自身が理解し、必要に応じて担任との連携を深めるよう話しましょう。

机のそばで着替えましょう

小学校入学当初、「座席で着替えをしましょう」と指示してもできないことがあります。

小学生は、机の上に着替えを置いて、いすを机の中にしまい、そのスペースで着替えるという着替えの方法を知っていますが、入学したての子どもたちはその着替えの仕方を知りません。なので「着替えましょう」などと漠然とした指示をすると、着替えを教室の後ろの空いているスペースまで運び、床に座り、靴下を脱いだりし始めて先生を驚かすということがあります。もちろん5歳児が着替えをできないのではなく、適切な着替えの方法を教えてあげることが重要となります。そのためにも就学前には、指示をしっかり聞き、理解して行うことができる力を、身につけるための配慮が必要になります。

通学路の安全確認をしておきましょう

小学校へ入学する前に、保護者に実際の登下校に使う通学路を歩いてもらい、交通量や危険な場所などの確認をしてもらいましょう。通ったことのある道でも、いざ子どもだけで通うとなると、危険が伴うところも出てくるかもしれません。まして、入学当初は小学校に通う緊張感や不安もあり、注意力が散漫になることもありえます。保護者と一緒に確認しておくことで、子どもたちの不安も取り除かれるはずです。

小学校へ行ってから気づくこと！

園に通っているときは、日々の送り迎えで子どもの様子を聞くことができます。しかし、小学校へ通うと子どもの様子を知らせる手段も、小学校から聞く手段も激減します。それはサービスの低下ではなく子どもの成長に向けての環境の変化です。小学校に通う間にそれぞれの家庭での子どもへの確認の仕方をつくり上げられるよう促してあげてください。

子どもは時に間違ったことを言います。それは、決して「嘘」ではありません。聞かれると思っていないので、明確に覚えていないのが自然だからです。場合によっては、後から考えたシナリオを伝えたり、保護者との会話の中で話が変化していったりします。一番大好きなお父さんやお母さんとの会話ですから、どんどん話の中に他の要素を取り入れていきます。どんな話に変化していくかは子どもによって違いのある個性であり特徴です。

子どもの話を聞き、わからないことや気になることは、そのとき、子どものことを一番よく知っている学校や担任にたずね、確認できるということを伝えましょう。

小学校との円滑な接続

保育所・こども園・幼稚園と小学校との連携には、子どもの発達や学びの連続性といった、いわゆる「子どもの育ち」に応じたカリキュラムの必要性や、子ども同士（園児と小学生）の関わりといった子どもを主体とした接続期の連続性が重要であると言われます。一方で忘れられがちなのが、それらカリキュラムやプログラムを担う「先生たちの接続」です。

ここでは幼児期の教育と小学校教育の関係を連続性・一貫性で捉えることにより、また「幼児期の終わりまでに育ってほしい姿」10項目を明確化することで、育ってほしい姿を小学校教諭と共有するなど連携を図り、幼児教育と小学校教育の円滑な接続をかなえましょう。

1 園と小学校との学び方の違いを認識しよう！

交流を踏まえた勉強会を開催して、まずはお互いが保育所保育指針や幼稚園教育要領、幼保連携型認定こども園教育・保育要領、学習指導要領について学び、どのような考え方や目標に基づいて教育・保育を行っているのか学び合い、お互いの教育・学習内容など学び方の違いを認識しましょう！

保育者にとって自らの教育や保育を省みるよい機会になりますね。

学び方の違いを認識する

園

小学校

2 現場を体験してみよう！

保育所保育指針や幼稚園教育要領、幼保連携型認定こども園教育・保育要領、学習指導要領から学び方の違いを知り、実際に園と小学校を互いに訪問し合い、保育や授業などを体験してみましょう。日常の保育や授業だけでなく、行事などにも参加することで、日常と行事との相関性が認識でき、より理解が深まります。

小学校の先生

園児たち

3 | 合同研究や意見交換の場を設けましょう!

幼児教育において育まれた資質・能力を踏まえ、小学校教育が円滑に行われるよう小学校の教師との意見交換や合同の研究の機会などを設けましょう。

point

この取り組みの中で最も大切にしなければならないポイントは、就学前と小学校では子どもの生活や教育方法が異なるということを確認し合うことです。子どもの発達を長期的な視点で捉え、合同研究や意見交換を通し、互いの教育内容や指導方法の違いや共通点について理解を深めましょう。

カリキュラム・マネジメントを通しての小学校との接続・連携

教育課程や指導計画書などの実施に必要な人的または物的な体制を確保し、その改善を図っていく(カリキュラム・マネジメント)ことなどを通して教育活動の質の向上をめざすためには、その中に「幼児期の終わりまでに育ってほしい姿」を位置づけ就学までに育みたい資質・能力を小学校へとつなげていくこと(小学校との接続)をイメージする必要があります。

年長　小学1年生

小学校へ接続する重要な事柄《特別に支援の必要な子ども》

障がいがあったり、虐待を受けたりしている子どもの就学については、特にきめ細かい配慮が必要です。

家庭と連携しながら、かつ専門機関の助言も参考にして、小学校に十分な情報提供を行うと共に早めの対応をとりましょう。

また、同じ障がいでも一人ひとり違います。障がいの特徴を十分に理解し、その子にあった関わり方を見つけていくことが大切です。

子どもの支援

まずは、子どもが安心して入学のときを迎えることができるよう、必要な支援をしていくことが大切です。自信をもって就学するために、保育者や保護者には子どもの自己肯定感を高めるような関わり方が求められます。また、子どもが先の見通しをもつことができるよう、小学校の行事に参加するなど、小学校児童との交流の機会をもつよう努めましょう。学校や先生などの写真を事前に見せると、子どもの安心感につながります。

教育・福祉・療育・医療などの関係機関をつなぐ

それまで受けていた教育・福祉・療育・医療などの関係機関の情報が円滑に学校に伝わるよう、つなぎの役割を果たすことが大切です。

保護者の支援

保護者が安心して、子どもの学校生活をスタートさせられるように、保護者の不安を取り除いていきましょう。「お子さんのために一緒にがんばりましょう」という言葉かけは保護者を安心させ、信頼関係を築くことにつながります。

また、教育センターなどの行政機関を紹介し、保護者が進学先を円滑に選ぶことができるよう情報提供に努めます。進学先が決まったら、保護者が積極的に学校訪問をするよう助言しましょう。

園から小学校への情報伝達

保育所・こども園・幼稚園と小学校が情報を共有し、引き継ぎが円滑に行われるようにしましょう。保育要録に加え、移行支援シート（健康・身体面の配慮事項、食事や排泄など生活習慣に関する事項、社会性や行動の特性、得意なことや苦手なこと、継続して取り組んでほしい内容や配慮事項などを記入）を提供できるとよいでしょう。特にパニック時などに有効な対応方法を、具体的に示すとわかりやすいと思います。

乳幼児期と学童期との教育を認識して保育を展開する

昨今、小学校との接続が重要視されています。基本的には、乳幼児期の教育と小学校以降の教育との段差を認め、その接続にあたり、互いが確認したり連携したりして学び合うこと、また行政の直接的関わりで多くの問題は解決されていくと考えられます。特に令和2年4月施行の小学校学習指導要領では、その前文の最後に「幼児期の教育の基礎の上に、中学校以降の教育や生涯にわたる学習とのつながりを見通しながら～要領を定める」と記されています。これは同様の内容が令和3年施行の中学校学習指導要領、及び令和4年施行の高等学校学習指導要領の前文に記されています。

それでは教育そのものだけに特化して説明したいと思います。

乳幼児期の教育は、あそびや生活の中で培われます。それは環境構成や保育者の援助の下、子どもの自発性を誘発し、子どもの心身の発達を促すものと考えられています。そのあそびや生活の中において、子ども自身が様々な領域（健康・人間関係・環境・言葉・表現）に関わることで学びの視野を広げ、また保育者から見た場合は様々な領域による総合的な援助や指導がなされていくのです。平成30年度施行の各要領・指針では、この接続・連携が最も大きなことであり、学校教育に位置づけられていない保育所を指針上に「幼児教育を行う施設」と位置づけました。そして、元々小学校以降のねらいである「育みたい資質・能力」を幼児教育の共有すべき事項としてねらいとしました。それが「知識及び技能の基礎」「思考力、判断力、表現力等の基礎」「学びに向かう力、人間性等」となり、今までの「心情、意欲、態度」をさらに進め、小学校以降の教育との接続を図ることになりました。

これらの乳幼児期の無自覚で時間に定めのない教育は、小学校以降の授業・単科式・教科書・時間割による教育に比べ、一般的にわかりにくく、小学校などにも説明される機会があまりありません。単純に乳幼児期と学童期の教育を知恵と知識に区別する仕方もありますが、これらはどちらの時期にも必要不可欠な要素であり一概に区別することはできません。このようなことを鑑み、小学校の教科に比べわかりにくいと言われる幼児期教育の領域をつなぐ大きな役割として「幼児期の終わりまでに育ってほしい姿」が示されました。今後0歳児から積み上げられていく教育が基礎となり、小学校以降の教育につながっていく（幼児期の教育が育む自立・協働・創造性の基礎が、学童期に育むリテラシーの獲得へとつながる）ことを前提に考えれば、5歳児の年間指導計画に加え、小学校との接続を位置づけること（アプローチカリキュラム）は、必須と考えるべきでしょう。大切なことは学童期への接続を認識した前倒しではない保育を展開していくこと、それが真の就学前教育になると考えるのです。

実際に、多くの小学校において生活科を中心とした合科的活動などのスタートカリキュラムが展開されている昨今を鑑み、教育の接続を互いに進めるべきときに来ているのです。

坂﨑　隆浩　保育総合研究会副会長

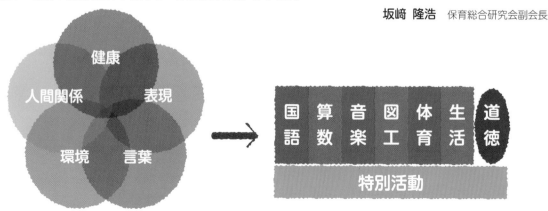

0歳から積み上げられていく教育は
どう小学校以降へつなげられているのか

戦後の保育要領から始まり、幼稚園教育要領・保育所保育指針と、その施設にとって大切とされる国（現文科省・厚労省）の考えが示され、日本の幼児教育が行われてきました。平成27年度幼保連携型認定こども園の教育・保育要領が示される際、要領と指針の整合性が図られることになり、その結果平成30年度施行の各要領・指針では3府省に分かれている中で、多くの整合が図られることになりました。

① 小学校との接続・連携がさらに図られたこと
② 0歳児からの教育（乳児期の3つの視点など）が小学校就学まで図られたこと
③ 保護者ばかりではなく、全ての子どもを対象にした子育て支援が図られたこと

満3歳問題や保育所の学校教育化（将来の5歳児義務教育化？）という問題もありますが、各要領・指針上は府省や制度を超え、一元化の要素が多く盛り込まれています。特に、0歳児から教育の視点が盛り込まれたことは大きな改革と言えるでしょう。今まで、この部分（3歳未満児保育）は、預かり的意味合いが強く、教育的なことは各々の保育所に計画なども含め任せられていました。今回12～13ページに示されたように、幼稚園ができてから約150年を迎える昨今にあたり、ようやく乳児からの教育施策の統一化が図られています。

令和最初の日本の幼児教育においては、0歳児より愛着関係の中で「知識と問題解決能力をバランスよく獲得する力」つまりは「生きる力の基礎を培う」ことを、そして環境から体験・経験しながら子どもが「主体的・対話的で深い学び」によって非認知的な能力を育み積み重ねていくことも忘れてはならないと考えます。

多くの方の叡智と時代の層が今回の各要領・指針の整合性を生んでいます。これに感謝すると共に、次のときには、日本の子どものための指針であり、保育（乳幼児期）のための要領を一本化して、新たな時代に対応してもらいたいと思います。

坂﨑　隆浩　保育総合研究会副会長

保育総合研究会沿革

1999年 10月　□保育の情報発信を柱にし、設立総会（東京　こどもの城）
　　　　　　　　会長に中居林保育園園長（当時）・椛沢幸苗氏選出
　　　　　　□保育・人材・子育ての3部会を設置
　　　　　　□第1回定例会開催
　　　12月　□広報誌第1号発行

2000年 5月　□最初の定時総会開催（東京　こどもの城）
　　　　8月　□第4回定例会を京都市にて開催
　　　　9月　□田口人材部会部会長、日本保育協会（以下、日保協）・
　　　　　　　保育士養成課程等委員会にて意見具申

2001年 1月　□第1回年次大会
　　　　　　□チャイルドネットワーク
　　　　　　　「乳幼児にとってより良い連携を目指して」発行
　　　　5月　□日保協機関誌『保育界』"シリーズ保育研究"執筆掲載
　　　　　　　（翌年4月号まで11回掲載）

2002年 3月　□「From Hoikuen」春号発行
　　　　　　　（翌年1月まで夏号・秋号・冬号4刊発行）
　　　10月　□社会福祉医療事業団助成事業
　　　　　　　「子育て支援基金　特別分助成」要望書

2003年 3月　□年次大会を大阪市にて開催
　　　　　　□保育雑誌『PriPri』（世界文化社）で指導計画執筆
　　　　6月　□日保協機関誌『保育界』"シリーズ保育研究"執筆掲載
　　　10月　□福祉医療機構
　　　　　　　「子育て支援能力向上プログラム開発の事業」

2004年 3月　□ホームページ開設（2008年リニューアル）
　　　　7月　□第16回定例会を横浜市にて開催
　　　10月　□子育て支援に関するアンケート調査

2005年 4月　□盛岡大学齋藤正典氏（当時）、保育学会で研修カルテを発表
　　　　6月　□「研修カルテ-自己チェックの手引き」発行
　　　　　　　（研修カルテにおける自己評価の判断基準）
　　　　　　□チャイルドアクションプランナー研修会
　　　　　　　（2回花巻／東京）
　　　10月　□椛沢・坂﨑・東ヶ崎三役、内閣府にて意見交換

2006年 4月　□椛沢会長が自民党幼児教育小委員会で意見陳述
　　　　　　□日保協理事長所長研修会
　　　　　　　青森大会研修カルテ広告掲載

2007年 4月　□「保育所の教育プログラム」（世界文化社）発行
　　　　5月　□保育アドミニストレーター研修会（東京）
　　　　7月　□日保協機関誌『保育界』"シリーズ保育研究"
　　　　　　　執筆掲載（2008年6月号まで12回掲載）
　　　　8月　□第25回記念定例会「保育所教育セミナー」開催
　　　　　　　（東京大学　秋田教授）
　　　　9月　□椛沢会長が「保育所保育指針」解説書検討
　　　　　　　ワーキンググループ（厚生労働省）に選出され執筆

2008年 7月　□日保協第30回全国青年保育者会議沖縄大会
　　　　　　　第1分科会担当
　　　　9月　□日保協機関誌『保育界』"シリーズ保育研究"執筆掲載
　　　　　　□坂﨑副会長が厚生労働省「次世代育成支援のための新たな
　　　　　　　制度体系の設計に関する保育事業者検討会」選出
　　　11月　□「新保育所保育指針サポートブック」（世界文化社）発行

2009年 1月　□サポートブック研修会（4回：花巻／東京／大阪／熊本）
　　　　3月　□「自己チェックリスト100」（世界文化社）発行
　　　　5月　□チェックリスト研修会（2回：東京／大阪）
　　　　9月　□坂﨑副会長が厚生労働省
　　　　　　　「少子化対策特別部会第二専門委員会」選出
　　　10月　□日保協理事長所長研修会新潟大会　第4分科会担当
　　　11月　□「新保育所保育指針サポートブックⅡ」
　　　　　　　（世界文化社）発行
　　　　　　□海外視察研修会（イタリア）

2010年 2月　□サポートブックⅡ研修会（4回：花巻／東京／大阪／熊本）
　　　　8月　□坂﨑副会長が内閣府
　　　　　　　「子ども子育て新システム基本WT」委員に選出
　　　11月　□日保協理事長所長研修会岐阜大会　第4分科会担当

2011年 3月　□2010年度版保育科学研究
　　　　　　　乳幼児期の「保育所保育の必要性」に関する研究執筆
　　　　6月　□サポートブックⅡ研修会（2回：函館／日田）
　　　　9月　□保育科学研究所学術集会（椛沢会長発表）
　　　10月　□全国理事長所長ゼミナール分科会担当

2012年 3月　□2011年度版保育科学研究
　　　　　　　乳幼児期の「保育所保育の必要性」に関する研究執筆
　　　　9月　□保育科学研究所学術集会（坂﨑副会長発表）

2013年 2月　□保育サポートブック
　　　　　　　「0・1歳児クラスの教育」「2歳児クラスの教育」
　　　　　　　「5歳児クラスの教育」（世界文化社）発行
　　　　4月　□坂﨑副会長が内閣府「子ども・子育て会議」全国委員に選出
　　　　9月　□保育科学にて神戸大学訪問
　　　　　　□保育ドキュメンテーション研修会（東京）

2014年 2月　□保育サポートブック
　　　　　　　「3歳児クラスの教育」
　　　　　　　「4歳児クラスの教育」（世界文化社）発行
　　　　　　□定例会を沖縄にて開催
　　　　3月　□2013年度版保育科学研究
　　　　　　　「乳幼児期の保育所保育の必要性に関する研究」執筆
　　　　8月　□環太平洋乳幼児教育学会ポスター発表
　　　　　　　（インドネシア・バリ島）
　　　　9月　□保育科学研究所学術集会（椛沢会長発表）
　　　12月　□海外視察研修（スウェーデン／フランス）